Luís Eduardo Wexell Machado

I0167297

VERTENTES DO FANTÁSTICO
DO GÓTICO À ÁLGEBRA MÁGICA

1ª Edição
POD

KB+

KBR
Petrópolis
2013

Revisão de texto **KB+**
Editoração **KB+**
Capa **KB+ s/ Retrato de um esqueleto articulado numa cadeira bentwood — Powerhouse Museum Collection**

ISBN: 978-85-8180-135-3

KBR Editora Digital Ltda.
www.kbrdigital.com.br
www.facebook.com/kbrdigital
atendimento@kbrdigital.com.br
55|24|2222.3491

B869.4 — Ensaios brasileiros

Luís Eduardo Wexell Machado tem formação em Letras, Português/ Inglês, mestrado em Literatura e Crítica Literária pela PUC-SP e cursa o Doutorado em Ciência da Educação com orientação no ensino do português como língua estrangeira, na Universidad Autónoma de Asunción. Atualmente trabalha como professor de Teoria Literária, Teoria da Tradução e Português como Língua Estrangeira na Universidad Nacional de Asunción, Paraguai.

E-mail: lewmachado@gmail.com

La imagen transmuta al hombre y lo convierte a su vez en imagen, esto es, en espacio donde los contrarios se funden. Y el hombre mismo, desgarrado desde el nacer, se reconcilia consigo cuando se hace imagen, cuando se hace otro.

Octávio Paz

Quando nada acontece é porque está acontecendo um milagre que ninguém vê.

Guimarães Rosa

Banca Examinadora da tese de mestrado "A álgebra mágica de Guimarães Rosa e o gênero fantástico no horizonte de expectativas dos séculos XVIII, XIX e XX" da qual este livro é uma adaptação:

Dr. Osvando José de Morais
Universidade de Sorocaba - UNISO

Dra. Maria José Palo
Pontifícia Universidade Católica de São Paulo - PUC-SP

Dra. Beatriz Berrini
Pontifícia Universidade Católica de São Paulo - PUC-SP

Agradecimentos

Ao Programa de Estudos Pós-Graduados em Literatura e Crítica Literária da PUC-SP, pelo apoio e pelas oportunidades recebidas.

Ao Instituto de Estudos Brasileiros da USP, pelo acesso aos materiais relacionados a Guimarães Rosa, em especial, seus primeiros contos, até então somente publicados no jornal *O Cruzeiro*.

À Capes — Coordenação de Aperfeiçoamento de Pessoal de Nível Superior, pelo apoio à pesquisa.

Sumário

PARTE I

Introdução

Eu não qualificaria meu conceito mágico de "realismo mágico"; eu o chamaria antes "álgebra mágica", porque é mais indeterminada e, portanto, mais exata.

Guimarães Rosa

Em um sentido amplo, a tradição do fantástico engloba, entre outras, as manifestações estéticas como a do realismo mágico, do real maravilhoso que, por sua vez, guardam uma relação de proximidade e contiguidade com a literatura fantástica do século XIX e que mantêm uma relação de semelhança também com a literatura gótica do século XVIII.

O objetivo geral deste trabalho consiste em percorrer esses estilos literários que se associam em uma espécie de macroestilo ou gênero, para alguns, ou como um método de construção ficcional que tem por objetivo a representação da realidade de uma outra maneira que não a mimética-realista, rompendo com os cânones desta por meio de referentes fantasmáticos, construídos metodologicamente dentro de um "horizonte de expectativas".

O "horizonte de expectativas" (*Erwartungshorizont*) ou a maneira como a obra é construída, visando um público particular, é um termo do crítico literário Hans Robert Jauss (2002c) e designa o conjunto de pressupostos (de características mutáveis) que se pode atribuir a uma geração de leitores, ou ainda, às características comuns que podemos encontrar nas obras de uma determinada época. Assim, o significado elaborado por meio da interpretação de uma obra muda conforme esse duplo "horizonte de expectativas" também muda. Trata-se de "horizonte de expectativas" do público que recepciona tais pressupostos de acordo a visão de mundo em que estão inseridos e os que fazem parte da obra e referem-se à forma como as obras de um determinado gênero são estruturadas em cada época.

Esperamos que, com a compreensão das transformações nos métodos de apreensão do elemento fantasmático em seu desenvolvimento sincrônico-diacrônico, seja possível identificar um percurso de reconhecimento do elemento fantasmático, por meio de semelhanças e distinções na forma como esse elemento se apresenta no texto.

O reconhecimento almejado se apresenta com um duplo sentido: o elemento fantasmático, como parte de uma tradição e aquele que diz respeito a uma nova concepção na construção do elemento de ruptura, evidenciando uma nova forma de apresentação fantasmática.

O método escolhido para realizar o trabalho apoia-se principalmente na hermenêutica de Paul Ricoeur (1975), que inclui em seu processo de interpretação da obra literária o conceito de "horizonte de expectativas", conforme definido por Jauss (2002c).

Dessa forma, o texto abre-se, por meio da leitura, a uma interpretação que será, em parte, definida por sua forma e, em parte, pelo conjunto dos elementos de compreensão do leitor. Da relação dialética entre a obra e o leitor surge a interpretação que posiciona o leitor frente à obra e também frente ao mundo em que ele habita, posicionamento que segundo Ricoeur (1976) não é direta, mas de segundo grau, já que o texto escrito não faz referência direta às coisas do mundo, embora não deixe de ser o autor o produto de um ser-do-mundo.

A referência narrativa não é, portanto, nem total nem direta; tampouco o mundo da narrativa, dos "seres de papel", aponta diretamente para o mundo real, mas há sempre referências indiretas: os métodos adotados pelo autor para a construção de sua obra encontram seus referentes nos métodos que fazem parte do sistema social, do pensamento comum da coletividade na qual ele está inserido e para a qual ele escreve. Podemos pensar, assim, numa referencialidade interna ao próprio texto, para a qual o mundo é transportado em seu projeto e concepção. Como sugere Maria Augusta Babo (2007, p. 2), "a escrita vai desenvolver, no seu interior, todo o ambiente, um mundo, explicitando, elaborando esse mundo exterior".

Se a referencialidade no discurso literário aparece apenas em segundo grau, é na literatura fantástica que ela mais se distancia do próprio mundo, ou pelo menos do mundo lógico--realista. Ela assim se manifesta como uma possibilidade de incorporação de outro mundo não comumente contemplado; coloca-se como uma ruptura do mundo convencional e seus parâmetros de razoabilidade.

Defendemos a ideia de que o fato fantasmático surge como um elemento diferencial, que embora não aceito pela normalidade de uma comunidade interpretante pode ser por ela reconhecido. Esse reconhecimento ocorre como abertura para o que foi esquecido e que agora se apresenta como algo novo ou como algo que, por meio de alguma marca, pode ser reencontrado, Ricoeur (2006a). A marca, fonte do reconhecimento, permanece mesmo sob a ação transformadora do tempo e, por sua singularidade e diferença, permite o reconhecimento, mesmo que todos os demais elementos sejam desconhecidos ou tenham sofrido brutal transformação — a ponto de produzir estranheza e medo.

Porém nem sempre essa marca é identificada. A ausência de marcas ou sua não identificação remete ao estamento total daquilo que se apresenta como não conhecido. Elemento extraordinário que causa repulsa, rechaço, medo, distanciamento e apreensão.

Nesse sentido, nos associamos à interpretação que Liliana Willson faz de *Casa Tomada*, de Julio Cortazar (2004), em *Antología de la Literatura Fantástica Argentina*, comentando a análise de Rosmary Jackson em *Todos os fogos, o fogo*, quando diz que

> o relato fantástico costuma ser o lugar onde aparece, de maneira sinistra, o excluído da cultura: mostra o que não se vê; articula o que não se diz. O radicalmente distinto é aquele que constitui uma ameaça para a ordem estabelecida da sociedade e, portanto, segundo as normas dessa, deve ser excluído: o estrangeiro, o forasteiro, o intruso, o marginal social, aquele que fala uma língua desconhecida ou que atua de maneira desconhecida, alguém cujas origens se ignora ou que tenha poderes extraordinários, tende a ser excluído como o outro, como o mal. (WILLSON, 2003, p. 116)

O discurso fantástico representaria, assim, a capacidade de reconhecimento desse "outro", pelo contraste entre o comum e o não comum, aquilo que faz parte da normalidade em contraste com os elementos estranhos que surgem como destituídos de lógica e de razão para determinado horizonte de expectativas.

De acordo com Francisca Suárez Coalla em seu livro *Lo fantástico en la obra de Adolfo Bioy Casares* (1994, p. 40-1), o fantástico se apresenta, dentro do horizonte de expectativas de cada um dos recortes escolhidos, a partir da seguinte proposta:

- no século XVIII, o fantástico irrompe do exterior, não é produto da loucura nem da alucinação; surge na forma de fantasmas, vampiros e monstros, presentes no romance gótico, que se caracteriza pelo terror e pela busca do efeito do medo;
- no século XIX, o sobrenatural se interioriza e se mani-

festa relacionado à loucura, às drogas, ao hipnotismo ou ao sonho; há uma alteração das leis de causalidade, do tempo e do espaço;

- e no século XX, o fantástico será absorvido pelo cotidiano das personagens e aceito, pelo leitor, como elemento não questionável, em função da relativização das fronteiras entre realidade e ficção, razão e imaginação, possível e absurdo.

As hipóteses estabelecidas se desdobram da seguinte forma, em relação ao recorte temporal selecionado para este trabalho:

- no século XVIII, o reconhecimento do *outro* surge a partir dos elementos contraditórios e fantasmagóricos do mundo exterior e, segundo Todorov (2004), se apresenta como uma hesitação temporária entre duas explicações possíveis: uma explicação sobrenatural, que, para ele, configuraria uma fuga do fantástico para um gênero limítrofe, o maravilhoso; ou uma explicação racional, o que lançaria o fantástico no universo do estranho;
- no século XIX, com os estudos de Freud sobre o inconsciente e com as repercussões da teoria da evolução das espécies, de Darwin, o reconhecimento do *outro* surge como resultado do questionamento da própria identidade do homem, que perde a sua referência de centro do Universo. Isso dá lugar, por um lado, ao surgimento de uma angústia niilista, principalmente a partir das ideias de Schopenhauer e, por outro lado, a uma grande expectativa pelos avanços da ciência como promessa de transformação da vida cotidiana;
- e no século XX, com os estudos de Jung sobre o in-

consciente coletivo e com a relativização das questões do verdadeiro e do falso, o reconhecimento do *outro* sofre uma grande reviravolta. Segundo Sartre (2005), o próprio homem passa a ser o elemento fantástico, ou seja, o reconhecimento do *outro* se faz a partir da conscientização da própria natureza do homem e do mundo humano, onde as questões paradoxais e absurdas podem, agora, ser incorporadas com naturalidade à rotina familiar, sem que com isso se chegue a uma situação de grande espanto ou medo.

A diversidade de definições do fantástico na literatura responde ora à questão do método adotado — antropológico, psicanalítico, social, hermenêutico — ora às próprias definições do discurso fantástico, que, não raro, confunde-se com fantasia — os *mirabilia* em geral, encontrados principalmente nas literaturas antiga e medieval — e também com a moderna ciência-ficção, o romance de mistério, o romance policial etc.

Seria impossível organizar uma teoria única do fantástico, capaz de abarcar o desenvolvimento metodológico do gênero ao longo dos séculos XVIII, XIX e XX, já que sua construção obedece a métodos diferentes e se endereça a diferentes horizontes de expectativas. Por isso escolhemos associar o evento fantasmático ao reconhecimento do outro, que se apresenta como fator de ruptura, como elemento excluído e não contemplado no duplo horizonte de expectativas: o da lógica textual e o da comunidade receptora da obra.

Com este trabalho, dentro do recorte escolhido, pretendemos, em um primeiro momento, integrar-nos a essa tradição, que busca romper com os padrões da lógica cartesiana; em um segundo momento, pretendemos penetrar no novo fantástico e na "álgebra mágica" roseana, despidos dos preconceitos interpretativos de uma única época: a nossa.

Talvez essa álgebra mágica de Guimarães Rosa seja do mesmo caráter do fantástico de Jorge Luiz Borges (2005a): única possibilidade ou a possibilidade mais adequada para ficcionalizar a experiência humana, como aponta Francisca Suárez Coalla, comentando Borges e Bioy Casares:

> As considerações de Borges e de Bioy Casares os aproximam dos que acreditam que o fantástico remonta à tradição oral, e pensam que seja um componente do qual não podem eximir-se nem mesmo as chamadas obras realistas. (COALLA, 1994, p. 20)

As várias definições e métodos de construção do efeito fantástico na literatura expurgam os elementos do maravilhoso, muito comuns na Antiguidade e na Idade Média, embora a própria definição do termo remeta à questão desse maravilhoso. A palavra "fantástico" deriva da palavra latina *phantasticus* e esta da grega *phantastikós*, que se refere, segundo o dicionário Houaiss, a algo de caráter extravagante, fora do comum, que tem sua origem na imaginação ou na fantasia, que se relaciona com a ideia do admirável; que por sua vez vem do latim *admirabilis*, maravilhoso, de onde se extrai o conceito dos *mirabilia*, tão comum ao Mundo Antigo e Medieval.

Acreditamos que, por suas características de oposição à normalidade cotidiana, a literatura fantástica possa servir de chave ou ser ela mesma um elemento expressivo da álgebra mágica roseana. Lembremos a definição de álgebra que dá o dicionário Aurélio: "Do ár. al djabr (t), 'reunião, reintegração daquilo que se quebrou', 'restauração de ossos fraturados'; em árabe, aparece no início de uma expressão que designava os cálculos algébricos e significa 'ciência da reintegração e equiparação.'" (AURÉLIO, 1999).

Pensamos que a literatura fantástica faz parte também dessa ciência reintegrativa, de busca de unidade, ao tratar de evidenciar o outro, aquele que está excluído por seu caráter de estranheza e de confronto com os princípios da razoabilidade, desenhando um território, espécie de terceira margem, onde seja possível conviver com o paradoxo.

1. O HORIZONTE DE EXPECTATIVAS E O RECONHECIMENTO EM PAUL RICOEUR

Falar do fantástico em literatura de uma maneira ampla confunde-se com o próprio exercício do poético: é falar de um fenômeno ficcionalmente construído e percebido como um discurso não realista, possuidor de uma lógica diferenciada, que não é a do discurso meramente comunicativo.

Dentro desse discurso não realista podemos enquadrar obras míticas da Antiguidade, como a *Ilíada* e a *Odisseia*; da Idade Média, como os romances de cavalaria, entre eles, *A história de Carlos Magno e os doze pares de França* e *A Demanda do Santo Graal*; também do romance gótico inglês, como *O Castelo de Otranto*. Daí por diante, do século XIX para cá, podem-se citar os contos de Edgar Allan Poe e de E.T.A. Hoffmann; Kafka; a literatura mágico-realista latino-americana e europeia e até os romances pós-modernos, nos quais aparecem elementos de ruptura e de estranhamento, graças a uma inversão ou negação da lógica. Assim, surge o estranho, o excluído, o não contemplado, aquilo que possui outra lógica, que interfere no desenvolvimento da narrativa por meio de acontecimentos insólitos e fantasmáticos.

A inclusão desse elemento estranho na estrutura do texto passa por diferentes métodos de construção, de acordo não só com as características das obras, mas também, fundamentalmente, com as épocas em que foram concebidas, dentro de um singular horizonte de expectativas: a maneira pela qual a obra é criada e recepcionada dentro dos marcos de determinada cultura.

Segundo Jauss (2002a, p. 73), a obra estética enfrenta um duplo horizonte: o do efeito, específico de um determinado texto, e o da recepção, relacionado ao destinatário do texto. O primeiro é interno à própria obra, à sua estrutura, e o segundo está relacionado com o leitor — inerente ao contexto social — que pode, em função de seu próprio momento, ressignificar a obra de arte. O processo de ressignificação ou, dito de outra maneira, a interpretação com base no horizonte externo à obra de arte, explica-se pela influência da experiência e da expectativa do público leitor.

Em função desse duplo horizonte, podemos levantar algumas questões: a) quais seriam os elementos constitutivos que tornam possível o reconhecimento do elemento estranho no discurso fantástico dos séculos XVIII, XIX e XX?; b) quais seriam as relações e as transformações metodológicas da narrativa fantástica, ao longo do tempo, com a alteração da percepção das comunidades receptoras — os leitores aí implicados?; c) como o processo de construção do fantástico evidenciou e alterou a questão do reconhecimento dentro do horizonte de expectativas do século XX?; e, finalmente, como essas transformações podem servir para uma interpretação das produções do final do século XX e dos três contos de Guimarães Rosa contemplados neste livro?

Para responder a estas questões, recorreremos ao método hermenêutico de Paul Ricoeur sobre o discurso e o reconhecimento, em cruzamento com o estudo diacrônico-sincrônico do fantástico nos séculos XVIII, XIX e XX, a partir de vários autores. Acreditamos que deva ser dada especial ênfase ao conto "A Terceira Margem do Rio", que escolhemos para analisar os aspectos da "álgebra mágica" roseana.

Para Ricoeur (1976), o estudo hermenêutico frente aos elementos propostos por Jauss (2002b) — *Poiesis, Katharsis* e *Aisthesis* — configura uma questão a ser explorada pelo estudo do discurso, porém evitando-se o reducionismo a que se viram submetidos os estudos do discurso em função do exagero estruturalista, que realçam as características da língua não como habilidade de fala, mas como código linguístico, isto é, "estrutura" e "sistema".

A causa principal dessa redução do discurso ao seu aspecto apenas estrutural se deve, segundo Ricoeur (1976, p. 15), ao desenvolvimento da linguística a partir de Ferdinand de Saussure e sua distinção entre *langue* — o código geral da língua — e *parole* — o uso particular da língua pelo falante.

O estudo do discurso que não se limite às questões linguísticas deverá abarcar elementos da fala, sem desconsiderar que a fala é de caráter fugaz e relega o discurso ao evento onde ela se dá. O discurso como evento se aproxima da ideia de Zumthor (2000) sobre a performance: é um acontecimento que comunica e, comunicando, marca por seu caráter multissensorial que envolvem cenário, voz, gestos etc.

Para Ricoeur (1976), o produto do evento é a mensagem, e não o código, e é essa mensagem que funda a existência genuína da língua:

> Qualquer ênfase no conceito abstrato de um evento de fala justifica-se apenas como um modo de protesto contra a redução anterior mais abstrata da linguagem, a redução dos aspectos estruturais da linguagem como *langue*, pois a noção de fala, enquanto acontecimento, fornece a chave para a transição de uma linguística do código para uma linguística da mensagem. Recorda-nos que o discurso se realiza temporalmente e num momento presente, ao passo que o sistema da língua é virtual e fora do tempo. Mas, este traço aparece somente no movimento de atualização da língua para o discurso. Por conseguinte, toda a apologia da fala como evento é significativa se, e somente se, torna visível a relação de atualização, graças à qual a nossa competência linguística se atualiza na *performance*. (RICOEUR, 1976, p. 23)

Porém, a significação de um texto não é ato exclusivo de um locutor. O aspecto objetivo da significação de um texto deve ser buscado também no nível da frase, enquanto o aspecto subjetivo se exercerá por meio da autorreferência, do ato ilocucionário, e da intenção que o ato de locução tem de ser reconhecido em relação ao ouvinte.

Além desses aspectos, que não esgotam o sentido do discurso, podemos estabelecer as relações que surgem sobre "o 'quê' do discurso ou o 'acerca do quê' do discurso. O 'quê' do discurso é o seu sentido, o 'acerca do quê' é a sua referência." (RICOEUR, 1976, p. 31).

A referência surge a partir das análises que se instauram no nível da frase, pois é ela que diferencia o "dito" do "acerca do que se diz". Nas estruturas menores do que a frase, o sistema é fechado, pois os signos se referem sempre a outros signos; já com a frase, a linguagem transcende a si mesma:

> Por outras palavras, o sentido correlaciona a função de identificação e a função predicativa no interior da frase, e a referência relaciona a linguagem ao mundo. É um outro nome para a pretensão do discurso a ser verdadeiro. (RICOEUR, 1976, p. 31)

Embora no discurso literário, e principalmente no fantástico, exista um corte de vínculo entre o que o texto supostamente designa e o mundo, não podemos deixar de levar em conta que, em meio ao dito do texto, há ações humanas que nunca se desvinculam totalmente da ação real, apenas "se tornam mais complexas, mais indiretas, pela ruptura entre *signum* e *res*" (RICOEUR, 2004, p. 12).

A relação dialética entre sentido e referência permite estabelecer uma relação entre a linguagem e a condição do "ser-no-mundo", ou seja, a linguagem não é um mundo à parte. O ser que habita o mundo traz à linguagem sua experiência; aí reside a condição ontológica da referência:

> Mas este apontar intencional para o extralinguístico basear-se-ia num mero postulado e permaneceria um salto discutível para além da linguagem se a exteriorização não fosse a contrapartida de um movimento prévio e mais originário, que começa na experiência do ser-no-mundo e avança desde a sua condição ontológica para a sua expressão na linguagem. É porque existe primeiramente algo a dizer, porque temos uma experiência a trazer à linguagem que, inversamente, a linguagem não se dirige apenas para significados ideais, mas também se refere ao que é. (RICOEUR,1976, p. 33)

Para Ricoeur, a linguagem é fundamentalmente referencial, pois do contrário não poderia ser significativa e não seria uma extensão do ser-no-mundo. Mesmo quando um signo se põe "em vez de alguma coisa", esse algo substituído deve ser apontado no discurso para que a substituição possa ser percebida.

> A significação universal do problema da referência é tão ampla que mesmo o significado do locutor se tem de exprimir na linguagem de referência enquanto autorreferência do discurso (...). O discurso refere-se ao seu locutor ao mesmo tempo que se refere ao mundo (...). O discurso na ação e no uso tem uma referência retrógrada ou anterretrógrada ao locutor e ao mundo. Tal é o critério último da linguagem como discurso. (RICOEUR, 1976, p. 33)

Visto desta maneira, o problema hermenêutico como interpretação do texto escrito se instaura como teoria interpretativa do discurso, por meio de sua permanência na passagem do texto oral para o texto escrito. Dito de outra forma, o evento e a significação presentes no momento da performance oral —

com gestos e entoações, o ambiente e o ouvinte em diálogo com o intérprete — podem permanecer como marcas na escritura, mesmo sofrendo a distância que a mediação da letra cria para a voz viva.

Para Paul Zumthor (2000), a característica permanente do texto literário é a presença da vocalidade, de elementos performatizáveis através do tempo e mais facilmente reconhecíveis nos textos orais, mas também presentes no texto escrito. Zumthor define a vocalidade como "um dos planos da realização do ritmo" (ZUMTHOR, 1989, p. 223). É essa força organizadora vocal que permite, para Zumthor (2000, p. 53), a performance que ele nomeia em seu conjunto como ritual e que se compõe de emergência, reiterabilidade e reconhecimento, ou, como define a hermenêutica, os três momentos da leitura. Zumthor (2000) toma a literatura como um processo de ritualização da linguagem que evidencia o seu aspecto performativo.

Como elemento ritualístico, o texto literário produzido como tal deve ser, assim, identificado por um público "iniciado": Zumthor direciona o peso principal da evidência do literário para o leitor e não mais para a intenção autoral. É o leitor que atualiza o texto literário como tal, por meio dos efeitos que a leitura comunica e marca, até corporalmente, nele mesmo:

> O que produz a concretização de um texto dotado de uma carga poética são, indissoluvelmente ligadas aos efeitos semânticos, as transformações do próprio leitor, transformações percebidas em geral como emoção pura, mas que manifestam uma vibração fisiológica, realizando o não-dito do texto lido, o leitor empenha sua própria palavra às energias vitais que a mantêm. (ZUMTHOR, 2000, p. 62)

Da fala oral à leitura silenciosa, abre-se, para Zumthor, uma "dissimetria de percepção", já que a escrita apenas sugere o que a fala, em presença de todos os participantes, plenamente enuncia. Em ambos os casos, Zumthor registra a presença ocular, uma relação *"olhar versus ler"*. No primeiro caso, o olhar participa junto com os demais sentidos e seu registro é caótico, salta de um aspecto a outro do evento global. A compreensão é "emblemática e fugidia", e por isso Zumthor nomeia o processo como "semiótica selvagem", na qual a conduta é resultado "mais da acumulação das interpretações do que de sua justeza intrínseca." (ZUMTHOR, 2000, p. 85). Por outro lado, "a ação visual se orienta de vez para a decifração de um código gráfico, não para a observação de objetos circundantes" (ZUMTHOR, 2000, p. 85). Há aqui uma relação única, não complementada por outros signos, como ocorre na "semiótica selvagem". A leitura é interiorizada apenas pelos grafismos da escrita: aquilo que se lê, passa para a mente.

O emblemático, para Zumthor, refere-se a um conjunto de signos em relação multidimensional, que fazem da interpretação, através do olhar, um processo de movimento ao mesmo tempo centrípeto e centrífugo. As imagens que esse olhar capta não estão justapostas, ou racionalmente ordenadas, mas animadas por uma vitalidade própria capaz não só de comunicar como também de marcar, de imprimir essa vitalidade no receptor das imagens. E não seria também essa a finalidade da álgebra mágica contida nos contos críticos de Guimarães Rosa? E também de toda a linguagem poética, principalmente a poesia?

Baseando-se no artigo "Linguística e poética" de Roman Jakobson,[1] Ricoeur (1976) elabora uma série de elementos modificadores do discurso quando esse se fixa na escrita. Mais do que simples mudança de meio, a passagem do oral para o escrito configura uma mudança significativa de âmbito cultural, dando surgimento, pela estabilidade de armazenagem de informação, a diversos tipos de atividades culturais e científicas. A mensagem, que na oralidade é plena em gestos e referências, na escrita é transportada apenas pelas marcas materiais; "o fato humano desaparece" (RICOEUR, 1976, p. 38). Mas não é apenas o evento em si que se vê afetado pela mudança do meio, já

---

1 JAKOBSON, Roman. Linguística e poética. In: *Linguística e Comunicação*. São Paulo: Cultrix, 1995.

que no primeiro ele não existe na duração e, no segundo, permanece como registro; a significação também se vê afetada por essa mudança do meio. Para demonstrar essa questão, Ricoeur deixa claro que o que é fixado na escrita é o discurso e não a linguagem como *langue*. A fixação do alfabeto é uma decorrência da necessidade de se fixar o discurso: "a escrita pode salvar a instância do discurso porque o que ela efetivamente fixa não é o evento da fala, mas o 'dito' da fala" (RICOEUR, 1976, p. 39).

Também a escrita tem suas características próprias, visto que ela não é só uma mudança de meio ou o registro escrito de uma fala prévia, mas também a realização única de um pensamento: "a escrita toma o lugar da fala" (RICOEUR, 1976, p. 40).

Pensar no fantástico como um tipo de discurso e não apenas como gênero permite que nos posicionemos dialeticamente frente a dois extremos de difícil conciliação na crítica literária: o que defende que o fantástico é um gênero historicamente demarcado — algumas décadas do século XIX —, e aquele que associa o fantástico a toda uma série de acontecimentos fantasiosos que o remete à própria condição do literário, sem nenhum tipo de fronteira definida com os demais gêneros.

O discurso fantástico, diacronicamente pensado, se apresenta frente a um duplo horizonte, como define Jauss (2002c), ou seja, tem uma estrutura portadora de um efeito estético e uma receptividade que atende às expectativas de uma comunidade interpretante e sua experiência de leitura. A interpretação do discurso fantástico responde, portanto, ao horizonte da própria obra — sua estrutura e a marcas interpretativas que ela aponta — e aos espaços vazios do texto que podem ser preenchidos pelo leitor. Esses vazios já estão condicionados, em parte, pela própria estrutura da obra e, em parte, pelas questões temporais da leitura e dos elementos ideológicos do leitor, que preencherá os vazios do texto com sua visão de mundo. Para que esse preenchimento seja teoricamente adequado e não se deixe arrastar apenas pelas questões ideológicas, Ricoeur (2006b) defende o estudo histórico do objeto como forma de eliminação dos preconceitos interpretativos de uma única época por meio da inclusão de outras visões e procedimentos.

Por isso, Tynianov defendia a ideia de que deveria haver, para a construção de uma ciência literária, um vínculo entre a literatura viva, contemporânea, e a história da literatura, conforme dois pontos de vista a serem adotados: o estudo da gênese dos fenômenos literários e o da variabilidade literária.

> O ponto de vista adotado para estudar um fenômeno determina não somente sua significação, mas seu caráter: a gênese toma, no estudo da evolução literária, uma significação e um caráter que, certo, não são os mesmos que aparecem no estudo da gênese mesma.
>
> O estudo da evolução ou da variabilidade literária deve romper com as teorias de estimação ingênua que resultam da confusão dos pontos de vista: tomam-se os critérios próprios de um sistema (admitindo que cada época constitui-se num sistema particular), para julgar os fenômenos em relevo de um outro sistema. Deve-se então suprimir toda a marca subjetiva; o "valor" de tal ou qual fenômeno literário deve ser considerado como "significação e qualidade evolutiva". (TYNIANOV, 1978, p. 106)

Ressaltamos que, embora o trabalho de análise da obra, para Tynianov, se relacione sempre com a série histórica, nunca se desprende do fato literário, que é a própria obra em questão: "Embora ultrapassado por teorização mais sofisticada, a ideia do procedimento literário permanece o traço preliminar com que os formalistas sempre trabalhavam." (LIMA, 2002, p. 270).

Com consideração semelhante, mas foco diferenciado, Ricoeur (2006b) enfatiza a imanência da obra como elemento de entrada e aprofundamento nas camadas mais profundas do texto, como exercício de uma primeira leitura, porém, a interpretação se estabelece por meio de uma segunda e terceira leituras; são os aspectos da *Poiesis*, da *Katharsis* e da *Aisthesis*, como quer Jauss (2002b), que tomarão a obra em sua unidade discursiva e em sua relação com o horizonte de expectativas. Essa tríplice leitura ressignifica a obra em cada tempo.

Bakhtin, ao tratar dos gêneros do discurso, mostra como eles são construídos a partir da atividade humana, ligada ao uso da linguagem que os elabora por meio de enunciados — composições lexicais, fraseológicas e gramaticais da língua:

> A riqueza e a diversidade dos gêneros do discurso são infinitas por que são inesgotáveis as possibilidades da multiforme atividade humana e porque em cada campo dessa atividade é integral o repertório de gêneros do discurso, que cresce e se diferencia à medida que se desenvolve e se complexifica um determinado campo. (BAKHTIN, 2003, p. 262)

Costa Lima (2002) adota uma posição que, segundo ele, vem crescendo desde 1920, na qual a análise sociológica dos gêneros deve, necessariamente, ajustar-se às questões imanentistas do poético, resultando desse confronto a ideia de *situação*: o literário como discurso ajusta-se a um efeito que é reconhecido como literário. Por isso ele fala das estéticas da recepção e do efeito, que, por sua vez, vêm ao encontro da hermenêutica de Paul Ricoeur.

> Notemos apenas ser um absurdo supor que as aludidas teorias se diferenciem das imanentistas por centrarem-se nas opiniões dos receptores! O que a elas é fundamental é a observação de que o discurso literário — e ficcional, em geral — se distingue dos demais porque, não sendo guiado por uma rede conceitual orientadora de sua decodificação, nem por uma meta pragmática que subordina os enunciados a uma certa meta, exige do leitor sua entrada ativa, através da interpretação que suplementa o *esquema* trazido pela própria obra. (LIMA, 2002, vol.1, p. 284)

Ricoeur (1976) defende a ideia de que a análise estrutural de um texto é a entrada para o que ele considera, fazendo referência a Eco (1971), "a obra aberta". Cabe ao leitor interpretá-la e compreendê-la com o único objetivo de incorporar aquilo que Ricoeur chama de "meu outro do texto", que é buscado nas estruturas profundas do texto, mas não se limitará a elas: o leitor será a sua própria chave de abertura.

Com isso, queremos demonstrar que falar de um gênero fantástico que abarque desde o Mundo Antigo até a Contemporaneidade sem sofrer transformações seria impossível. Melhor seria falar de um discurso do fantástico que se transforma ao longo do tempo, de acordo com os processos metodológicos que determinam a construção desse discurso, sempre atento às marcas aproximativas e distintivas da corrente histórica na qual se insere. Segundo Ricoeur (2002), compreender um texto do passado é compreender essa série histórica; porém a série histórica como encadeamento articulado também é uma concepção interpretativa.

Se, por um lado, podemos alargar a definição de literatura fantástica para aquém e para além do século XIX, em função da relação dialética que o discurso do fantástico permite, por outro lado, tomaremos o fantástico na literatura como o lugar privilegiado do reconhecimento do *outro*. De fato, o sujeito da fala — e com ele o leitor — será o alvo da relação "eu-outro", na qual se dá o jogo de identidade e alteridade. Por isso, nos relatos fantásticos vamos encontrar, na maior parte das vezes, um narrador homodiegético, que se redimensiona ao contar sua própria história. Trata-se, portanto, de uma identidade narrativa em que o sujeito se reconhece na história que conta de si mesmo. Aqui, a ficção narrativa se torna autocompreensão, da qual o leitor participa, por meio da leitura e da interpretação do texto: é o encontro do eu do leitor com o eu do texto. Mas como se dá a operação de reconfiguração identitária de um eu leitor através de um eu do texto, que, no caso da literatura, é um eu figurado?

Para Paul Ricoeur (2002), toda narração, seja ela histórica ou literária, é a dimensão linguística que se dá à condição temporal de uma vida. A reconfiguração identitária é o processo de esvaziamento de si mesmo para o encontro desse outro eu do texto, seja ele um texto filosófico, religioso, histórico ou ficcional. É por isso que a compreensão de uma série histórica nos ajuda mais como filtro de nossas próprias condições, de nosso próprio horizonte de expectativas, do que como elemento de interpretação do texto.

A literatura fantástica aparece, segundo pensamos, como um discurso típico de evidenciação desse outro eu do texto, em função de suas características de oposição entre o racional e o não-racional, o real e o irreal, o convencional e o anticonvencional, criando um conflito que se apresenta no texto como um jogo de relação entre esses pares de opostos.

Para Ricoeur, a literatura não é mais do que a projeção do texto como mundo, uma colisão com o mundo real que tem como objetivo a reconfiguração do próprio mundo. Por isso ele admite que a relação da "arte com a realidade seria incompreensível se a arte não descompusesse e não recompusesse nossa relação com o real" (RICOEUR, 2002, p. 21).

Ricoeur toma o discurso literário como distinto dos demais tipos de discursos, principalmente os científicos, pelas relações que se estabelecem entre os sentidos explícito e implícito, próprios da literatura, mas que foram arbitrariamente transportados para o vocabulário como denotação e conotação, atribuindo-se ao primeiro termo um valor maior por seu caráter cognitivo.

Para contrapor essa visão interpretativa, Ricoeur desenvolve sua teoria da metáfora, na qual, para ele, os sentidos literais e figurados são internalizados pela significação global. Não apenas o cognitivo, aquele que tem valor denotativo, teria valor semântico, mas também o conotativo ou figurado; ambos configurariam a metáfora e, por conseguinte, à literatura na qual aquilo que se anuncia se relaciona com aquilo que ela sugere, formando globalmente um campo semântico. Para Ricoeur, as implicações da teoria da metáfora se aplicam ao discurso literário:

> A literatura é o uso do discurso em que várias coisas se especificam ao mesmo tempo e onde o leitor não é intimado a entre elas escolher. É o uso positivo e produtivo da ambiguidade.
> Se abstrairmos agora do mundo da obra revelado pela interação dos sentidos, poderemos concentrar a nossa análise no desígnio verbal, isto é a obra do discurso, que gera a ambiguidade semântica característica de uma obra literária. É esta obra do discurso que se pode ver em miniatura na metáfora. (RICOEUR, 1976, p. 59)

Exposta dessa forma, a teoria da metáfora se levanta do plano da palavra e emerge no da oração, segundo Ricoeur. Já não são mais as palavras que comportam a metáfora, mas o enunciado como um todo. "Se adverte então que a metáfora é um trabalho com a linguagem que consiste em atribuir a sujeitos lógicos predicados incompatíveis com eles" (RICOEUR, 2004, p. 23). Assim, o discurso literário, por seu significado semântico global, também pode ser objeto de uma interpretação hermenêutica.

Ao relacionar o discurso fantástico com o reconhecimento do *outro*, do elemento excluído, estamos equacionando a forma como o reconhecimento se dá com a forma com que a literatura fantástica é, metodologicamente, construída, dentro de seu horizonte de expectativas nos séculos XVIII, XIX e XX.

Para Ricoeur (2006a), a questão da identidade formada a partir do reconhecimento implica a junção do igual e do diferente; o reconhecimento se dá pelo jogo de relações entre o mesmo — o *idem* — e o que varia — o *ipse* —, estabelecendo uma relação entre o eu e a alteridade.

Em relação à literatura fantástica, tal qual está recortada neste trabalho, procuraremos relacionar o reconhecimento às questões metodológicas que norteiam as teorias do fantástico dentro do horizonte de expectativas em que as obras surgem.

Assim, poderíamos dizer — de forma projetiva — que, no romance gótico do século XVIII e começo do século XIX, o fantástico instaura o outro como um elemento externo ao ser humano, apresentando-o na forma de objetos e seres fantásticos que terão sua explicação alternada entre o maravilhoso e o estranho. No primeiro caso, não há uma razoabilidade para a aparição fantástica, que só poderá ser entendida enquanto manifestação sobrenatural. No segundo caso, aquilo que parecia inexplicável num primeiro momento, com o desenrolar da história se manifesta como um recurso da ciência ou da subjetividade humana.

No século XIX, principalmente na segunda metade com o desenvolvimento da psicologia, da teoria do inconsciente, de Freud, e com o deslocamento do homem a partir da teoria da *Origem das espécies*, de Darwin, há uma crescente inquietude e um aprofundamento nas questões existenciais, que farão emergir o fantástico como uma espécie de suspensão insolúvel entre uma explicação por meio dos mecanismos da ciência ou da loucura.

Nesse caso, as manifestações fantásticas surgem mais como consequência dos fatores existenciais do ser humano em conflito entre o reconhecer-se e o ser reconhecido. O homem luta para entender-se a si mesmo dentro da nova dinâmica existencial, ao mesmo tempo em que protagoniza a ação do conhecimento por meio da ciência progressista.

Já no século XX, com as relativizações entre os pares de opostos: racional e irracional; real e irreal; convencional e anticonvencional, o fantástico perde seu caráter estranho e sobrenatural e se instaura no universo humano; como defende Sartre (2005), o elemento fantástico será o próprio homem. Em nível do texto, o fantástico surge como elemento insólito registrado e absorvido como um evento comum, pela narrativa, porém sua aparição promove transformações no desenrolar da história, ainda que o evento em si não seja questionado. As transformações costumam ter implicações sociais que podem ser familiares ou ainda mais amplas e o reconhecimento do *outro* sofre uma grande reviravolta, projetando um mundo desconhecido e relegando o homem a uma espécie de terceira margem, na qual ele repousa nesse paradoxo.

2. A LITERATURA FANTÁSTICA

*A reflexão conduz o homem à verdade? Pressuponho, é claro,
um cérebro lúcido e exercitado. Sem isto, pensar é como fazer
avançar um carro sem governo: sempre desastroso o resultado.
Mas, ainda que eu possua o instrumento e o tenha provido de
ciência, estarei a salvo do erro? Não. Se imagino, entretanto,
nunca me engano: o imaginário é autônomo e plana sobre as
mudanças.*

Osman Lins , *A Rainha dos Cárceres da Grécia*

Adolfo Bioy Casares (2003) define a ficção fantástica tomando esse termo em seu sentido mais amplo, como um fenômeno anterior à própria escritura e que culturalmente encontra-se associado ao medo. Para Casares, o fantástico como ficção já está presente no "Avesta, na Bíblia, em Homero, nas *Mil e uma Noites*" (BORGES, CASARES e OCAMPO, 1999, p. 7). Porém, admite que, "como gênero mais ou menos definido, a literatura fantástica aparece no século XIX e no idioma inglês" (BORGES, CASARES e OCAMPO, 1999, p. 7) e apresenta o percurso de antecessores à estruturação do fantástico como gênero:

No século XIV, o infante Dom João Manuel; no século XVI, Rabelais; no século XVII, Quevedo; no século XVIII, De Foe e Horácio Walpole; já no século XIX, Hoffmann. (BORGES, CASARES e OCAMPO, 1999, p. 7)

Para Casares (BORGES, CASARES 1999), a literatura fantástica teria as seguintes características temáticas:

- aparição de fantasmas — contos de Ireland e de Loring Frost;
- viagens no tempo — *A máquina do tempo*, de H.G. Wells;
- a presença dos três desejos — contos orientais e também W.W. Jacobs;
- a ida aos infernos — *Arcana Coelestia*, de Swedenborg, e *Donde su Fuego Nunca se Apaga*, de May Sinclair;
- personagens em sonho — *Through The Looking-Glass*, de Lewis Carroll;
- operações com metamorfose — *Sábanas de Tierra*, de Silvina Ocampo;
- ações paralelas que trabalham por analogia — *La Sangre en el Jardín*, de Ramón Gómez de la Serna;
- a imortalidade — *Mr. Elvesham*, de H.G. Wells;
- fantasias metafísicas, quando o fantástico aparece mais ligado a questões interiores de raciocínio do que às ações das personagens, como o *Orbis Tertius*, de Borges;
- contos e novelas de Kafka;
- aparição de vampiros e castelos, como em *Drácula*, de Bram Stoker.

Quanto à sua caracterização a partir de uma explicação, Casares classifica os contos fantásticos em três tipos:

- os que se explicam pela intervenção de um ser ou ação sobrenatural;
- os que têm explicação fantástica, mas não sobrenatural;
- os que se explicam pela intervenção de um ser ou de um feito sobrenatural, mas insinuam, também, a possibilidade de uma explicação natural (*Sredni Vashtar*, de Saki); também admitem uma explicação através da alucinação. Essa possibilidade de explicações naturais pode ser um acerto ou pode criar uma complexidade maior, mas geralmente é uma debilidade, uma escapatória do autor, que não soube propor com verossimilhança o fantástico. (BORGES, CASARES e OCAMPO, 1999, p. 13)

Em resumo, poderíamos dizer que, para Bioy Casares (2003), o que caracteriza o fantástico, quanto à sua explicação, seria:

- primeiro, a presença do sobrenatural e, nesse item, poderíamos colocar uma numerosa série de exemplos que vão desde o Oriente Antigo até os contos de horror da atualidade. Seguramente, no Ocidente, sua origem estaria nas tradições orais do mundo antigo, preservadas, em parte, ao longo da Idade Média, e que respondem a necessidades humanas universais, no âmbito do desejo;
- segundo, a ausência do sobrenatural, embora exista a presença de algo estranho que pode ter uma explicação aceitável pela razão. Nesse caso, estaríamos mais limitados nos exemplos e, com segurança, não poderíamos oferecê-los em períodos anteriores ao século XIX, no qual as questões da ciência e da racionalidade emergem de maneiras distintas;
- terceiro, quando há a presença do sobrenatural, mas a

explicação sobrenatural não é a única possibilidade de esclarecimento; insinua-se, assim, uma explicação natural como opção.

A abertura diacrônica da manifestação do fantástico na literatura que Bioy Casares(2003) defende está bem ao gosto de seu grande parceiro literário, Jorge Luis Borges. Segundo Francisca Suárez Coalla, "as considerações de Borges e Bioy Casares aproximam-nos dos que creem que o fantástico remonta à tradição oral e julgam tratar-se de um componente do qual ninguém pode eximir-se nem mesmo as chamadas obras realistas" (COALLA, 1994, p. 20). Para Coalla, o fantástico, nesse tipo de literatura, tem orientação nitidamente antropológica, segundo a opinião de Borges e Bioy Casares.

H.P. Lovecraft também faz coro com Bioy ao admitir que "o medo é uma das emoções mais antigas e poderosas da humanidade" (LOVECRAFT, 1998, p. 7). Porém, ao fazer essa afirmação, Lovecraft recorre aos psicólogos como autoridades na questão e diz ser essa a condição da validação dos contos sobrenaturais como formas legítimas da literatura. Lovecraft assume uma postura psicológica:

> E aqui nos encontramos com um modelo psicológico ou tradicional tão genuíno e tão profundamente enraizado na experiência mental como possam sê-lo outros modelos ou tradições da humanidade; um elemento paralelo aos sentimentos religiosos e intimamente vinculado a muitos de seus aspectos, participando em tal medida de nosso legado biológico que dificilmente perde sua poderosa influência de uma parte minoritária, ainda que importante, de nossa espécie. (LOVECRAFT, 1998, p. 10)

Porém, Lovecraft deixa claro que seu conceito de literatura de terror vai além da mera produção do medo, pois não basta que seja uma criação simplória, com base em um horror físico, explicitamente construído:

> Os genuínos contos fantásticos incluem algo mais que um misterioso assassinato, ossos ensanguentados ou espectros agitando suas correntes, segundo as velhas normas. Deve-se respirar neles uma definida atmosfera de ansiedade e inexplicável temor ante o ignoto e o que existe no mais além; há de se insinuar a presença de forças desconhecidas e de sugestões, com pinceladas concretas, esse conceito escurecedor para a mente humana: a maligna violação ou derrota das leis imutáveis da natureza, as quais representam nossa única salvaguarda contra a invasão do caos e dos demônios dos abismos exteriores. (LOVECRAFT, 1998, p. 12)

Nas colocações de H.P. Lovecraft sobre o fantástico, não há uma distinção clara entre romance de horror e literatura fantástica; parece até que esses conceitos se complementam ou para ele são inseparáveis. Mesmo as obras relacionadas às tradições antigas e medievais, como o Romance Gótico inglês, entram nessa classificação. Para ele, a característica da literatura fantástica será a presença do que ele chamava "horror cósmico", capaz de produzir, por meio de sua elaboração, "a presença de forças desconhecidas".

Jean Bellemin-Noël, em seu livro *Psicanálise e literatura* (1983), retrata o fantástico como um processo emergente do subconsciente do ser humano. Para defender sua tese, toma como exemplo o trabalho de Freud sobre o conto de E.T.A. Hoffmann, *O homem de areia*, onde há a manifestação do que Freud batizou de "*Unheimlich*", traduzido por Bellemin-Noël como uma *inquietante estranheza*.

Para Bellemin-Noël, a presença do estranho é o elemento técnico caracterizador do fantástico na literatura e sua raiz reside na manifestação dos fatores inconscientes do ser humano, que deveriam permanecer ocultos:

(...) aquilo que nos surpreende, quando poderíamos sem dificuldade descobrir que é bem conhecido; aquilo que nos vem de fora e que fazia parte do dentro; em suma, um recalque que retorna de maneira súbita, tanto na vida cotidiana como na cena de arte. (BELLEMIN-NOËL, 1983, p. 63)

Psicanaliticamente, o fantástico surge de um estranhamento que, por sua vez, é a manifestação consciente de um recalque que subjazia no inconsciente do ser humano; funciona como um reconhecimento de algum elemento interior não percebido até então que, por alguma razão, se manifesta na vida cotidiana.

Não há nessa análise uma diferenciação entre o fantástico na arte e aquele presente nos acontecimentos da vida cotidiana, embora Freud admitisse que algo não estranho na literatura pudesse ser estranho na vida das pessoas, dando como exemplo os acontecimentos que ocorrem nos contos de fadas.

Tomado como um fator inconsciente que se exterioriza em algo extraordinário, o estranhamento está presente em grande parte dos mitos de heróis da Idade Média e da Antiguidade. Em *A conquista psicológica do mal* (1990), a partir de estudos de mitos de heróis, principalmente medievais, Heinrich Zimmer retrata a condição inicial do herói como a de alguém de grande virtude, mas inconsciente de seu papel. Há um mal interior não percebido que deve ser resgatado; esse mal se manifesta na forma de um feiticeiro ou bruxa ou de algum tipo de inimigo que encarna as forças do mal. O herói é lançado em uma jornada na qual passa por várias provas e, ao final, conquista um prêmio, símbolo do processo de vivência e conscientização de sua natureza; com isso, o mal é vencido. O relato das provas é sempre repleto de seres mágicos e acontecimentos insólitos, que se encaixam bem na definição do estranhamento freudiano.

A questão do fantástico, mais uma vez, se confunde com outras formas narrativas. É esta a advertência que faz Francisca Suárez Coalla (1994) ao defender que, com base nessas duas abordagens, a antropológica e a psicológica, tomaríamos o fantástico como uma concretização, no plano da literatura, dos desejos e do medo que, na realização da experiência artística, podem ser liberados. Também defende que essas vias de aproximação ao fantástico requerem muito cuidado, pois não raro cai--se em uma relativização que leva a confundir o fantástico com a fantasia, com a construção imaginária ou com outros tipos de discursos, como o mítico, por exemplo, no qual há sempre uma forma de explicação do mundo, objetivo não almejado pelo discurso fantástico. Este apresenta, ao contrário, a contradição como elemento da inquietude, que caracteriza o gênero; o mito é organizador, o fantástico somente existe no caos dos espaços abertos e sem fronteiras.

Louis Vax, em seu estudo sobre o fantástico, *Arte y literatura fantásticas* (1965), sem buscar uma definição para o fantástico, trata de diferenciá-lo de outros discursos semelhantes: "o feérico, o poético, o trágico etc." (VAX, 1965, p. 5).

Vax considera o fantástico e o feérico como espécies do gênero maravilhoso, sendo a característica distintiva do fantástico o relato não de um mundo de seres extraordinários, mas do "mundo real": "Enquanto o feérico coloca fora da realidade um mundo onde o impossível e, portanto, o escândalo, não existe; o fantástico se nutre dos conflitos entre o real e o possível." (VAX, 1965, p. 6).

A presença do escândalo constitui, para Vax, o fato fantástico. O termo escandaloso se associa ao que a crítica chama de insólito, pois o escandaloso, para Vax, significa o fato de alguém ser levado a crer no incrível. Disso resulta que a maneira melhor de representar o fantástico na literatura é por meio da narrativa, já que a poesia não contrapõe o crível e o incrível, mas transfigura o real.

Além da proximidade do maravilhoso e de não se utilizar da forma poética, o fantástico necessita da presença de um elemento sobrenatural, em contraponto à racionalidade do mundo; mas não basta um sobrenatural que possa ser bem acolhido, como a manifestação de um anjo. Assim como Lovecraft (1998),

Vax defende a ideia do terror como elemento indispensável do fantástico. Os elementos macabros que surgem no relato seriam representações de tendências psicológicas do ser humano:

> O monstro representa nossas tendências perversas e homicidas; tendências que, liberadas, aspiram gozar de uma vida própria. Nas narrações fantásticas, monstros e vítimas simbolizam esta dicotomia de nosso ser, nossos desejos inconfessáveis e o horror que eles nos inspiram. O "mais além" do fantástico, na realidade, está muito próximo, e quando se revela, nos seres civilizados que pretendemos ser, uma tendência inaceitável para a razão, nos horrorizamos como se se tratasse de algo tão alheio a nós que até então acreditamos que venha do além. Então traduzimos esse escândalo 'moral' em termos que expressam o escândalo físico. A razão que distinguia as coisas e as subdividia no espaço cede seu lugar à mentalidade mágica. O monstro atravessa os muros e nos alcança onde quer que estejamos; nada mais natural, posto que o monstro está em nós. Já se havia instalado no mais íntimo de nosso ser, quando fingíamos crer que estava fora de nossa existência. (VAX, 1965, p. 11)

Além dos fatores interiores do ser humano, que se manifestariam por meio do monstruoso, Vax dá um sentido externo ao fantástico ao aproximá-lo do trágico, comparando Fedra, como vítima dos deuses, a Hyde, personagem de *O Médico e o monstro*, de Stevenson, que não consegue se libertar de seu destino que o arrasta para os prazeres grosseiros e sensuais.

A relação entre tragédia e fantástico, estritamente falando, é bastante discutível, visto que a tragédia se guia pela força do mito e tem sentido retificador, enquanto o fantástico não busca retificar, já que não alcança harmonizar sua própria contradição:

> Uma mesma origem poderia reunir o relato mítico e o fantástico, mas, diferentemente daquele que harmoniza o mundo que apresenta, conquistando a superação do contraditório, o relato fantástico supõe um fracasso desse mesmo intento. (COALLA, 1994, p. 36)

Além de não ser representado em poemas, o fantástico, para Vax, não se aparenta nem à fábula, pois "a linguagem dos animais é apenas uma convenção literária" (VAX, 1965, p. 17), nem com a ironia e o humor, pois o riso diminui o efeito do horror.

Já para Ítalo Calvino (2004), o fantástico é uma produção característica do século XIX, é a manifestação dos fatores do inconsciente, da repressão e do esquecimento. São elementos que se distanciam da luz da consciência e da racionalidade. Para ele, o nascimento do fantástico se dá pela relação entre a realidade do mundo percebido e o mundo do pensamento que nos comanda.

Essa relação tensa entre os mundos da razão e do inconsciente dá nascimento à hesitação e à perplexidade do ser humano diante de um fato extraordinário. Calvino (2004) assume a tese todoroviana do fantástico, como um processo de hesitação da personagem e, com ela, do leitor, diante de um fato que pode ter uma dupla explicação, racional e/ou sobrenatural, mas que não consegue se definir com clareza. Definir-se pelo sobrenatural seria escorregar do fantástico para o maravilhoso; definir-se diante do racional seria assumir o fato como algo estranho, embora passível de explicação.

Para Calvino, o fantástico se relaciona com o sentimento, não apenas por meio do medo, mas também do prazer, que "radica no desenvolvimento de uma lógica cujas regras, cujos pontos de partida e cujas soluções reservam surpresas." (CALVINO, 1995, p. 240).

Estabelecer uma relação entre o fantástico e o prazer, ou mesmo o medo ou a hesitação, ainda que atrelados à personagem, é estabelecer uma relação entre o fantástico e o leitor. Nesse sentido, a literatura fantástica pode ser reconhecida pelo efeito do fantástico que nela habita e que pode ser experimentado pelo leitor que a interpreta como tal. A definição do gênero, ainda que obedeça a questões estruturais e históricas, também fica condicionada a uma comunidade interpretante, como defende a *Teoria da interpretação* (1976), de Paul Ricoeur, e também Italo Calvino, quando diz que

> o processo da composição literária, o momento decisivo da vida literária será a leitura. Nesse sentido, ainda que se confie à máquina, a literatura continuará sendo um lugar privilegiado da consciência humana, uma explicação das potencialidades contidas no sistema de signos de cada sociedade e de cada época; a obra continuará nascendo, sendo julgada, sendo destruída ou permanentemente renovada, em contato com o olho que lê (...). (CALVINO, 1995, p. 195)

Também Liliana Wilson, na introdução que faz à *Antología de la literatura fantástica argentina*, dá ao leitor a possibilidade de situar um texto como fantástico em função de sua capacidade de reconhecê-lo como tal: "...é o próprio leitor, com sua hesitação ou surpresa ante os feitos narrados — que julga anormais -, quem classifica o relato que está lendo dentro do gênero fantástico" (WILSON, 2003, p. 25).

Em relação à forma de classificação dos relatos fantásticos, Wilson (2003) admite duas possibilidades: a primeira, respaldada no trabalho de Todorov, e a segunda, no trabalho de Irène Bessière.

A primeira classifica o gênero fantástico pela hesitação que não se resolve no texto, causando impacto nas personagens e, por meio delas, no leitor. Caso a hesitação possa ser explicada por alguma forma racional, mesmo através dos sonhos, da ilusão ou da alucinação, o relato fantástico passa a ser qualificado como estranho e, caso o elemento fantástico seja aceito pelas personagens sem nenhum mal-estar, o relato seria classificado como maravilhoso.

A segunda linha que Liliana Wilson defende, apoiada no trabalho de Irène Bessière, define a literatura fantástica por sua capacidade de construir novas ordens, diferentes e questiona-doras da ordem estabelecida. Por essa linha de análise, a lite-ratura fantástica não seria de nenhuma maneira uma literatura evasiva, mas sim "uma das formas literárias de oposição às or-dens dominantes" (WILSON, 2003, p. 28).

Nesse sentido, o fantástico não seria a literatura da irra-cionalidade nem do irreal, mas uma literatura denúncia, que se utiliza de outras formas da razão e da realidade, transfiguran-do-as para, no exercício de rompimento do lógico e do aceito, apresentar outras possibilidades de racionalização e realidade, diferentes daquelas estabelecidas dentro de uma ordem domi-nante. Isso quer dizer que os elementos da razão e da realidade são construções que podem ser modificadas:

> (...) ao apresentar o que *não pode ser*, o fantástico expõe as concepções de uma cultura sobre o que *pode ser*: traça os limites de seu marco ontológico e epistemológico. Em outras palavras, mostra que coisas podem ser esperadas e são críveis em uma sociedade determinada, precisamente por colocar em cena o *outro* (WILSON, 2003, p. 28).

Segundo Liliana Wilson (2003), essa concepção relacio-nal do fantástico, permite pensá-lo por meio de um processo de transformação histórica:

- nas sociedades religiosas, o fantástico identificava-se com as forças do mal; era uma espécie de manifesta-ção exterior, que deveria ficar fora dos contornos da sociedade. O mal representava uma entidade externa ao homem;

- com a perda gradativa da fé, por um lado, e o avanço da ciência, por outro, o fantástico como manifestação do *outro* se acerca da própria condição humana e já não é possível saber com certeza se o elemento fantástico é externo ou interno ao homem;

- no século XX, as crenças são maculadas pela incerteza: a física mecânica é contraposta à teoria da relatividade; a humanidade passa pela experiência de duas grandes guerras mundiais, que rompem com as visões de certeza do progresso e da prosperidade. Nesse cenário, diferentemente do século XIX, é difícil avaliar quais são os elementos característicos de uma literatura fantástica, já que, o que era a exceção no século XIX, no século XX vira regra. O evento inexplicável passa a inserir-se no familiar, no cotidiano.

Esses três momentos de representação do fantástico, historicamente demarcados, carregam três concepções de visão do *outro*, ou três maneiras de relacionar-se com a alteridade. Constituem também três formas de construção dos elementos do imaginário, sejam eles elementos de origem antropológica ou psicológica — como querem uns e outros críticos do fantástico —, estejam eles relacionados com questões profundas do inconsciente ou façam parte de uma estrutura antropológica.

Gilbert Durand, em seu livro *As estruturas antropológicas do Imaginário*, relaciona o fantástico com a imaginação, mas, ao tratar da memória, acrescenta uma característica importante, que liga o fantástico à ideia de reconhecimento. Para ele, "a memória pertence de fato ao domínio do fantástico, dado que organiza esteticamente a recordação" (DURAND, 1997, p. 402). A memória permite o reencontro com o tempo passado e carrega as imagens que nos possibilitam reconhecer e nos reconhecer diante dos demais. Em Durand, o fantástico é o próprio processo artístico, constituído a partir da memória e da imaginação.

Tratar o fantástico como uma *ars memoriae* é tratar as imagens como uma "presença de alguma coisa ausente que essa imagem representa", como defende Ricoeur (2006, p. 125). Por um lado, é uma recordação passiva, algo que vem à lembrança; é uma imagem do passado sob a forma de traços dependentes de um pensamento que os interpreta como signos de alguma coisa; por outro lado, é uma lembrança ativa, não é mais algo que me vem ao espírito, como diz Ricoeur, algo de que me lembro pela associação de ideias, "uma espécie de curto-circuito entre memória e imaginação" (RICOEUR, 2006, p. 127).

Memória e imaginação estão relacionadas no ato da reminiscência; não é um simples lembrar, mas uma lembrança produzida na trilha da imagem que faz com que o reconhecimento do passado seja também o reconhecimento de si: o reconhecimento é recuperar algo que já se conhece previamente e é, também, reconhecer aquilo que se ignora.

O fantástico como elemento de reconhecimento do *outro* é também o elemento de reconhecimento de si, através de uma reavaliação das próprias crenças e paradigmas, que a insurgência do fantástico possibilita no mundo do texto e, através das personagens, no mundo do leitor.

2.1 O fantástico no século XVIII: os fantasmas vêm de fora

Com o objetivo de entender o fenômeno do fantástico na literatura, consideramos como fator relevante o estudo do Romance Gótico do século XVIII.

Embora seja o fantástico do século XIX que se apresentará marcadamente como uma reação à racionalidade positivista presente na construção do romance realista e naturalista já no século XVIII — considerado o século da razão — encontramos a construção de um modelo da proposta fantasmática, que se opõe ao racionalismo, sedimentado pelas fortes influências nominalistas do século XVI e do cartesianismo do século XVII.

Descartes, no século XVII, estabelece um modelo para o desenvolvimento da razão, a partir de uma *teoria do juízo*. Integra-se a essa *teoria do juízo* o *discurso do método,* o qual oferece um quadro biográfico de seus anos de aprendizado por meio da fábula, posteriormente descartada como forma de conhecimento. Seus primeiros anos são alimentados pela literatura, pois, na época, Descartes acreditava que nos livros estava a fonte da erudição. Mais tarde, Descartes tomará o verossímil como falso, considerando verdadeiro apenas aquilo que evidentemente pode ser reconhecido como tal, clara e distintamente, "sem nenhuma possibilidade de dúvida".

O reconhecimento dentro do *cogito* cartesiano é, segundo Ricoeur (2006, p. 43), "simplesmente conhecer"; a hesitação será superada e dará lugar à clareza do entendimento, sem que com isso Descartes abdique das questões que, para ele, somente poderiam ter sua origem, como explicação, em Deus. Ricoeur (2006) evidencia que, na filosofia cartesiana, a identidade individual seria fruto de uma autoconsciência criada a partir da consciência da própria existência, juntamente com uma consciência da existência de Deus. Esse duplo motor da consciência estabelecia outro duplo integrativo do ser humano: o pensamento e o corpo, um distinto do outro, mas que juntos capacitam o ser humano motivado pela busca da verdade.

O binômio pensamento e corpo, ou, dito de outra forma, reflexão e experiência em busca da verdade, encontrava sua sombra, como contrapartida do processo, no risco do engano, aceitando como verdadeiro aquilo que não o é.

Dentro do marco cartesiano que anima o século XVIII, o Romance Gótico não consegue manter um efeito fantástico que permaneça com a duração do tempo; é necessário que tal efeito passe para a claridade da razão como algo natural e compreensível ou que seja aceito como um ato da vontade superior. Por uma ou outra via, sempre encontrará uma explicação: à luz do reconhecimento como fenômeno natural ou como ato sobrenatural. No cartesianismo, a teoria do reconhecimento é antes uma teoria do conhecimento, já que nunca prescinde de uma explicação que seja capaz de distinguir claramente a relação dialética que se estabelece entre o mesmo e o outro. O fantasma, ou o fenômeno sobrenatural, deverá ser incorporado à rotina da mesmice, àquilo que a razão pode explicar ou que é identificado como distinto, não explicável pela razão, mas entendida e aceita pela fé ou pela mística.

O reconhecimento, por essa via, torna-se incompleto, já que não explora a interioridade do ser humano, apenas orienta--se da periferia de um ser humano para outro, como manifestação autônoma externa. Uma maldição familiar, por exemplo, é tratada na narrativa apenas como força sobrenatural opositora e não como elemento derivado da própria atitude e condição interior das personagens. Quando o curso da narrativa leva à compreensão de que o mal que se manifesta é fruto do próprio homem, e não do acaso ou da vontade de um ente superior, a narrativa chega ao seu desenlace e assim se conclui. Por isso as personagens são bem distintas quanto à natureza do bem e do mal. Para Devendra P. Varma, "o ideal Gótico, forjado em melancólicos castelos e sombrias catedrais, parecia escuro e bárbaro para a mente Renascentista" (VARMA, 1966, p. 10); e acrescenta ele que a característica básica do Romance Gótico seria a não presença de matizes humanas acinzentadas: "as personagens são normalmente dotadas de aspecto sombrio, de infâmia diabólica ou virtude pura, angelical" (VARMA, 1966, p. 19).

Nos jogos de luz e sombra, da luta do bem contra o mal, o Romance Gótico retira seus temas de construção dos elementos fantásticos, que aparecerão como elementos deslocados temporalmente, já que o século XVIII, época das luzes, não é mais o espaço dos castelos sombrios medievais, nem dos demônios e anjos presentes em uma tradição religiosa, que não é a religião dos ingleses do século XVIII. O Romance Gótico faz um resgate dos elementos medievais, não só em relação aos temas, mas também na construção das tramas fantásticas, que, na maior parte das vezes, eram elaboradas como uma novela de cavalaria. O distanciamento, ora geográfico (retratando terras distantes), ora de época (retratando eventos históricos da Idade

Média), abre espaço para o surgimento de um olhar recuperado, aquilo que a razão havia deposto e de cuja falta essa sociedade se ressente.

O Romance Gótico surge como uma reação ao racionalismo do século XVIII, por meio da utilização do horror e da reconstrução de temas medievais, *O castelo de Otranto*, de Horace Walpole, é a obra inaugural do gênero, embora haja a utilização do fantástico lhe seja anterior e, possivelmente, tenha surgido com a própria curiosidade característica do período Romântico. No período de sua primeira publicação, em 24 de dezembro de 1764, *O castelo de Otranto* foi apresentado como uma tradução de um texto medieval que, por sua vez, estaria baseado numa história real acontecida entre os séculos XII e XIII. O próprio prefácio do livro induz a essa crença ao dizer que, "se a história tiver sido escrita na mesma época dos fatos, isso teria acontecido entre 1095, período da primeira cruzada, e 1243, a época da segunda cruzada" (WALPOLE, 1996, p. 13). Depois de um ano da publicação, Walpole confessou ser o verdadeiro autor da obra.

Horace Walpole não era um escritor profissional, escrevia apenas por diletantismo. Homem rico, dedicava-se a colecionar peças exóticas, principalmente de origem medieval. Era tanta sua paixão pela Idade Média que construiu um palácio em Londres — ao estilo das construções góticas medievais — que pode ter servido de modelo ou inspiração para a sua criação romanesca.

Possivelmente por insegurança quanto às suas habilidades literárias, editou *O castelo de Otranto* como se fosse apenas tradutor da obra, e não o autor. No prefácio à primeira edição, Walpole diz que a obra havia sido descoberta na biblioteca de uma família católica e que havia sido impressa em Nápoles, no ano de 1529. Outra explicação para a sua atitude poderia estar relacionada com o prestígio que em sua época adquiriram os manuscritos traduzidos — do árabe para o francês e do francês para as demais línguas europeias — inclusive das *Histórias das mil e uma noites*, também de autoria anônima.

O recurso do distanciamento histórico e geográfico que o autor apresenta, assim como o próprio título da obra, ajuda sua caracterização como algo exótico e diferente e, portanto, passível de acontecimentos raros que, como adverte o autor, não são imagináveis nos romances de sua época, e são muito mais apropriados para a mentalidade do século XI, época dos acontecimentos relatados, ou mesmo para o século XVI, época em que o livro supostamente teria sido escrito, em um país católico como a Itália.

> Milagres, visões, adivinhações, sonhos e outros eventos sobrenaturais foram banidos atualmente até mesmo dos romances. O mesmo não se dava quando nosso autor estava escrevendo; muito menos quando a história estaria supostamente se passando. (WALPOLE, 1996, p. 14)

Segundo Walpole, o objetivo pretendido com a apresentação de algo exótico é enquadrar com naturalidade a manifestação do sobrenatural, e também o efeito do medo que costura a narrativa e que lhe dá unidade.

O exotismo e o distanciamento histórico e geográfico dos acontecimentos são contrabalançados pelo realismo das descrições dos espaços dos acontecimentos:

> O autor frequentemente parece, sem intenção premeditada, descrever algumas divisões internas. O aposento, diz ele, da ala direita; a porta na ala esquerda; a distância da capela ao apartamento de Conrado; essas e outras passagens são fortes indícios de que o autor tinha um prédio determinado diante de seus olhos. Os curiosos, que têm tempo livre para embrenhar-se em tais pesquisas, talvez possam descobrir nos escritores italianos a fundação a partir da qual nosso autor edificou sua obra. (WALPOLE, 1996, p. 17)

Por um lado, o romance se reveste de uma aparência realista; com isso o elemento estranho se evidencia como algo crível frente a um horizonte de expectativas racionalista para o qual a obra se destinava; por outro lado, a narrativa de *O castelo de Otranto* utiliza-se do fato sobrenatural como elemento dissolvente das relações aparentes e superficiais das personagens e como elemento de reconhecimento de uma verdade. O sobrenatural aparece como o *outro* que desfaz a miopia causada pela incapacidade do individuo de se conhecer a si próprio e evidencia a essência das personagens por meio de fantasmas externos.

Como nas novelas medievais, a real natureza do protagonista, no caso de *O castelo de Otranto*, Teodoro, revela-se através de aparições externas. A manifestação do velho Afonso, o bom, dará reconhecimento da natureza do herói como legítimo herdeiro de Otranto:

No instante em que Teodoro apareceu, as paredes do castelo atrás de Manfredo desabaram, impelidas por uma força poderosa, e a figura de Afonso, ampliado a uma imensa grandeza, apareceu no centro das ruínas.
— Este é Teodoro, o legítimo herdeiro de Afonso! — disse a visão. (WALPOLE, 1996, p. 132).

Também H.P. Lovecraft (1998) dá, como data de surgimento do Romance Gótico inglês, a publicação de *O castelo de Otranto* de Horace Walpole, em 1764. Para ele, há precedentes do gênero tanto na Inglaterra, como por exemplo as poesias de Keats, quanto na Alemanha, como as baladas de Gottfried. De fato, a base sobre a qual se constrói o Romance Gótico inglês — o terror — é para Lovecraft tão antiga quanto a própria humanidade:

Os sentimentos definidos baseados no prazer e na dor nasciam em torno dos fenômenos compreensíveis, enquanto que em torno dos fenômenos incompreensíveis se teciam as personificações, as interpretações maravilhosas, as sensações de medo e terror tão naturais em uma raça cujos conceitos eram elementares e sua experiência limitada. (LOVECRAFT, 1998, p. 10)

Para o escritor e crítico norte-americano, o Romance Gótico inglês nasce a partir de um efeito psicológico que responde à causas antropológicas: o medo e a fascinação diante do inexplicável. Lovecraft acrescenta que a base de inspiração para a construção da narrativa no Romance Gótico inglês virá das tradições populares e do folclore, legados da humanidade, graças a uma tradição oral. Esta é mais uma aproximação às concepções de Bioy Casares em relação à literatura fantástica.

Embora Lovecraft (1998) considere Walpole um escritor de poucos recursos e muito "pomposo", admite o enorme prestígio que conquistou em função de sua publicação, inicialmente lançada como uma mera adaptação de um mítico autor chamado Onofrio Muralto.

O castelo de Otranto foi reeditado inúmeras vezes e se tornou um ícone da literatura gótica. Copiado por diversos autores da época, sua fama se estendeu para além do Gótico. Segundo Lukács (1989), *O castelo de Otranto* tem a fama de ser o mais famoso "Romance Histórico" do século XVIII, embora frise que o Romance Histórico do século XVIII ainda seja apenas uma história de costumes, e o gênero em questão somente apareça de fato no século XIX, com Walter Scott.

Também Otto Maria Carpeaux (1961) atribui a Walpole a virtude de precursor do gênero. Para Carpeaux, Walpole havia tentado imitar Shakespeare, que se acreditava, erroneamente, ser um escritor medieval.

Para Lovecraft, o valor da obra de Walpole reside mais no que ela inspirou em relação às gerações seguintes do que na obra em si. Entre os inspirados, H.P. Lovecraft (1998) cita Poe, a quem considera "um dos artífices do horror cósmico". O modelo que deixa Walpole, segundo Lovecraft, e que será tomado como roteiro por diversos escritores da época e posteriores, baseia-se na construção temática de seu romance: o castelo, que às vezes aparece como um casarão antigo e decadente; com cenários amplos, nichos escuros (porões, salas secretas, grutas, covas, calabouços, etc.); alas ou salas fechadas e sem uso; galerias sombrias e aterrorizantes; a presença de um vilão ou tirano como antagonista; a presença de uma donzela, muitas vezes associada à ideia de pureza; o herói que, muitas vezes, apresenta-se disfarçado de uma forma mais humilde; objetos raros ou antigos, muitas vezes em forma de manuscrito. Lovecraft considera que esses temas são trabalhados de forma ingênua em quase todo o Romance Gótico, embora Varma defenda a ideia de que

> (...) os romancistas Góticos contribuíram com componentes vitais ao romantismo. O conteúdo, o estilo e o espírito do Romance Gótico: suas imagens, temáticas, personagens e cenários, perderam sua casca grosseira e emergiram, transformados, nos elementos mais finos da poesia Romântica. (VARMA, 1966, p. 189)

É inegável que, embora muito representativo para a literatura inglesa, o Romance Gótico tenha nascido como uma literatura menor e, com raras exceções, continuará assim até sua transformação nos séculos XIX e XX, quando será incorporado a outros gêneros: a literatura fantástica, o romance policial, *weird tales*,[2] a ficção científica e o romance de horror e fantasia.

Para Railo, o despertar do Romance Gótico não pode ser atribuído apenas às influências góticas de Walpole, mas sim a um espírito de época, visto que há outras manifestações simila-

---

2 Literatura fantástica norte-americana, que tem seu precursor em Poe e seu auge na década de 1930, com H.P. Lovecraft.

res acontecendo ao mesmo tempo:

> Não se deve pensar que as atividades de Walpole em seu edifício gótico de Strawberry Hill foram as únicas geradoras, na literatura, de seu desejo de experimento, com espírito Gótico. A atenção daqueles dias estava, em geral — e de forma expressamente calculada para inspirar os autores –, dirigida para o Gótico. Edmund Burke, em 1756, publicou seu estudo de nossas ideias do sublime e do belo, formulando assim a teoria que toda a escola do terror irá seguir na prática. Em 1762, dois anos antes do surgimento de *O castelo de Otranto*, Bishop Hurd (1720-1808) publicou as *Cartas sobre Cavalaria e Romance,* que deu grande suporte aos irmãos Warton em sua admiração e interesse em antiguidades. (RAILO, 1974, p. 3)

A obra *O castelo de Otranto,* e com ela o Romance Gótico, surge a partir das inspirações da época, de um reavivamento do Gótico, especialmente da arquitetura, juntamente com o espírito arqueológico e de coleta, não apenas dos elementos da Idade Média, mas também do Oriente. Esses elementos, deslocados da Europa do século XVIII, não eram tomados apenas como exóticos, mas principalmente como uma forma mais natural de viver.

Poderíamos mesmo dizer que o Romance Gótico é a adaptação das estórias de terror da Idade Média para o gênero que se instaurou com o desenvolvimento da Burguesia: o Romance.

Coleridge diz, em sua *Biographia Literaria,* que o segredo da literatura Gótica consiste na "confusão e subversão da ordem natural das coisas em suas causas e efeitos" (*apud* KIELY, 1972, p. 36). Robert Kiely admite que haja uma subversão social em grande escala no Romance Gótico pela aceitação do fora-da-lei e do excluído, mas defende que, mais do que amplidão social, a revolução trazida pelo Gótico limita-se às questões das relações humanas, não subvertendo as estruturas:

> (...) a confusão não existiu entre legislador e renegado, mas entre pai e filho, irmão e irmã, amante e esposa. Relações humanas básicas foram apresentadas em uma desordem extrema, simbolizada mais comumente em questões sexuais — adultério, incesto, pederastia. (KIELY, 1972, p. 36)

O Romance Gótico, na linha de oposição romântica ao classicismo, também se coloca contra o racionalismo do século XVIII. Sua inspiração, como evidencia *O castelo de Otranto*, está na arquitetura gótica que representa historicamente uma ruptura, na Idade Média, dos padrões greco-romanos de construção, com a utilização de arcos verticais, esculturas decorativas e vitrais. Essa tendência arquitetônica é retomada na Inglaterra no século XVIII, havendo um ressurgimento do Gótico que repercutirá também na literatura, como uma retomada do maravilhoso medieval, dando-lhe, porém, um novo sentido.

O Romance Gótico exercerá grande influência na literatura do final do século XVIII e do início do século XIX, gerando um grande impacto na literatura mundial e principalmente no surgimento do gênero fantástico, através de seus elementos de mistério e de relações sobrenaturais ou anormais, que agora se combinarão com o espírito do realismo e do naturalismo:

> A contribuição do Romance Gótico para a ficção do século XIX não foi apenas no sentido da estrutura, mas também em um espírito de curiosidade e admiração diante do mistério das coisas. Estruturalmente, combinou-se o método gótico de suspense dramático com o tipo picaresco e, na temática, o espírito romântico se mesclou com o espírito do realismo. (VARMA, 1966, p. 199)

Em relação às influências do Romance Gótico no século XIX, Varma defende a ideia de que o Romance Gótico

(...) influenciou surpreendentemente o curso principal da literatura inglesa de várias formas e, para seguir a corrente irregular da literatura nos primeiros anos do século XIX, deve-se estar familiarizado com os notáveis exemplares do Romance Gótico. (VARMA, 1966, p. 3)

Como descendentes do Gótico, Varma aponta H.G. Wells e C.S. Lewis, na Europa, e Hawthorne e Poe, na América. Scarborough (1917) alinha uma série de autores que receberam influência direta ou indireta do Gótico, entre eles: Poe e Hawthorne, influenciados por E.T.A. Hoffmann e Ludwig Tieck; Balzac, que escreveu *Melmoth Reconcilié*, uma alusão direta ao romance *Melmoth*, de Maturin; Oscar Wilde, com seu romance *O retrato de Dorian Grey*; Guy de Maupassant, entre muitos outros escritores na Europa e na América.

Para Scarborough, essa influência do Gótico não é total, mas vem acrescida de outros elementos próprios do final do século XVIII e principalmente do século XIX:

A ficção sobrenatural que se seguiu utilizou as mesmas fontes e ainda sofreu várias outras influências e veias de inspiração literária não abertas ao Gótico. A ciência moderna, com os novos milagres de seus laboratórios, sugestivamente inspirou incontáveis enredos; o novo estudo do folclore e as investigações acadêmicas nesse campo deram nascimento a uma riqueza inesperada de material sobrenatural; sociedades de pesquisas físicas, com seus registros pacientes e acolhedores das forças do invisível; o espiritualismo moderno, com suas tentativas de ligar este mundo ao outro mundo; a magia dos sonhos estudados cientificamente. Tudo isso sugeriu novos temas, complicações de enredo, até então elementos desconhecidos, continuadores do sobrenatural na ficção. (SCARBOROUGH, 1917, p. 55)

O Romance Gótico, ao incorporar em sua paisagem elementos medievais, choca contra as paisagens tradicionais adotadas pelo racionalismo reinante do século XVIII, o qual se opõe à aceitação do sobrenatural e do fenômeno ilógico ou irracional. Desse choque surge a adaptação da tendência racionalista ao Romance que logo passa a apresentar o fantástico como algo que tende a ser explicado por meio da racionalidade, como fazia Ann Radcliffe, ou já vem como produto da ciência, como o *Frankenstein* de Mary Shelley. Lembramos que a arte Gótica na Idade Média já é uma tentativa de harmonização de forças em conflito. Criado a partir dos interesses da Igreja, mas financiado pela burguesia e pela nobreza, "o Gótico estava ligado à cultura que se desenvolvia nas escolas urbanas, ao pensamento que redescobrindo a obra de Aristóteles procurava harmonizar Fé e Razão" (FRANCO JUNIOR, 1998, p. 135).

A arte Gótica medieval, segundo Franco Junior, não era apenas uma manifestação da religião, visto que também incorporava elementos da cultura laica ou popular: monstros, seres fantásticos, dragões e demônios. Esses dois elementos estão presentes na arte Gótica; o representativo do religioso e, portanto, do sagrado medieval, e o outro, introdutor do elemento laico ou profano, estreitamente associado às lendas e tradições. Mircea Eliade, em seu livro *O sagrado e o profano* (1996), chama de hierofania essa interface entre esses dois mundos e diz que, mais do que pensar em fenômenos sobrenaturais, dever-se-ia pensar nesse espírito hierofânico como forma de interpretação dos fenômenos sociais relacionados com às crenças e tradições, pois, como afirma Hilário Franco Junior:

> De fato, tendo uma cosmologia pela qual todas as partes do Universo estão estreita e indissoluvelmente ligadas entre si, o medievo entendia a natureza num sentido amplo. Não havia propriamente aquilo que chamamos sobrenatural: a própria palavra surgiu apenas no século XIII, no contexto do desenvolvimento de uma nova concepção da natureza, ocor-

riam frequentemente, isso sim, hierofanias ou 'manifestações do sagrado' em setores da vida que hoje consideramos profanos, diferenciados do campo 'religioso', como a política ou a economia. (FRANCO JUNIOR, 1998, p. 151)

Esses "setores da vida que hoje consideramos profanos" não eram assim considerados na Idade Média, quando a religiosidade, cristã e ainda derivada de outras tradições, está presente como um laço que unifica todos os setores da vida. Vive-se a religiosidade de uma forma mítica, como elemento fundador da sociedade, e todas as atividades derivam do processo de reatualização mítica do mistério: o trabalho da terra e os fatores econômicos que dela surgem não são o resultado da exploração da terra e sim um rito de vida. Mircea Eliade, ao referir-se ao mito nas sociedades religiosas, diz que "o trabalho agrícola é um ritual revelado (...) É por isso que constitui um ato real e significativo." (ELIADE, 1996, p. 85). Essa é uma das concepções que a Idade Média herdou do Mundo Antigo e que tem uma relação com o maravilhoso.

A Idade Média, assim como as demais sociedades agrárias, é mítica por excelência. Há nela um cruzamento de tradições pagãs e cristãs. O ciclo arturiano é um exemplo desse entrecruzamento, além de se constituir em um modelo mítico das ações exemplares, marcadas pelos heróis que fundam modelos de vida. A Idade Média está repleta de monstros, bruxas, milagres, feitiçarias, anjos, demônios, seres híbridos, aparições e acontecimentos sobrenaturais; mas todos eles têm lugar na visão de mundo daquela época; todos os elementos do sobrenatural e do maravilhoso são muitas vezes relegados às horas noturnas, à escuridão — por sinal, bastante ampla numa sociedade praticamente sem iluminação artificial — e constituíam-se em elementos da realidade social. Mesmo as regiões do mundo não humano, origem do mágico e do maravilhoso, tanto de caráter religioso, como a representação do bem, da luz, quanto de caráter maligno — sombras, escuridão, o mal, o diabo —, eram acessíveis ao mundo e ao homem comum. Paraíso e inferno e, mais tarde, também o purgatório, são crenças comuns a todos e as várias lendas, contos e histórias que narram aventuras por esses espaços, mais do que imagens poéticas, são elementos presentes na psicologia do homem medieval.

> O maravilhoso perturba o menos possível a regularidade quotidiana; e provavelmente é exatamente este o dado mais inquietante do maravilhoso medieval, ou seja, o fato de ninguém se interrogar sobre sua presença, que não tem ligação com o quotidiano e está, no entanto, totalmente inserida nele. (Le GOFF, 1985, p. 28 *apud* FRANCO JUNIOR, 1998, p. 154)

Essa visão hierofânica não se rompe de vez com o final da Idade Média; ela perdura ainda por muito tempo, e não podemos deixar de ver o Gótico no romance como uma espécie de retomada desses elementos, uma espécie de arqueologia literária, que busca nas ruínas da Idade Média os motivos para uma reelaboração do tema do sobrenatural, do mágico, do maravilhoso e do fantástico.

No Romance Gótico, esses elementos aparecem não apenas transformados, mas também deslocados. "O romance 'gótico', porém, preferiu os castelos italianos e espanhóis — atração irresistível dos 'mistérios do catolicismo' para ingênuos leitores protestantes do século racionalista", diz Carpeaux (1961, p. 1457).

Há um deslocamento da religião predominante, o catolicismo, para o protestantismo. A transformação ocorre em função da mudança do paradigma social: de uma sociedade hierofânica, crente nas ciências ocultas e mágicas, para uma sociedade burguesa e racionalista.

O romance gótico, com sua aparência de maravilhoso, traveste-se também de literatura de ruptura, surgindo como elemento aparentemente revolucionário frente à estética classicista; porém apenas na aparência, já que, como diz Carpeaux, "a classe que os criou — a dos intelectuais a serviço do novo público — não era capaz de fazer Revoluções nem o pretendeu" (1961, p. 1459). O Romance Gótico como literatura "para o povo" tornou-se uma literatura secundária, sempre à margem do Romance Romântico e por ele foi eclipsado, ainda que tenha, como vimos, exercido forte influência em muitos autores de prestígio. Enquanto no maravilhoso medieval, o sobrenatural não se apresenta como índice de exclusão — está incorporado na dinâmica social e o fato narrado não pode ser realizado sem a inclusão desse maravilhoso —, no Romance Gótico, o sobrenatural se relaciona com o diferente, o exótico e assustador. Esse último remete a uma visão de mundo diferente da esperada; representa o elemento excluído, que não faz parte da dinâmica da sociedade, porém esse elemento não se refere ao marginalizado social; inclusive, sobre ele há uma visão romântica que o acolhe ternamente. A exclusão se dá mais no âmbito das relações, dos distanciamentos afetivos, da convivência familiar, das relações sexuais, dos elementos que fazem parte da vida, mas que não são expostos à "luz do dia". Ao contrário, no Romance Gótico, são expostos pelas sombras, pelos cantos, nos castelos antigos, nos porões, por meio dos fantasmas, das bruxas, dos feiticeiros, dos sortilégios e das maldições: estão sempre fora do alcance e acobertados.

2.2 O fantástico no século XIX: os fantasmas vêm de dentro

Podemos apontar a origem do fantástico como gênero literário na Europa do século XIX. É o ambiente desse século, com suas forças socioculturais, que formam o local e o momento propício para o surgimento do gênero que, como demonstra Todorov (1968) em seu trabalho basilar sobre a literatura fantástica, pode agora apoiar-se em elementos estruturais que conferem ao gênero seu caráter literário.

Precursor ao trabalho de Todorov, encontramos o ensaio

de Tomachevski, *Temática* (1915), que analisa o fantástico sob a perspectiva da motivação realista, que aspira ser real e fictícia ao mesmo tempo, e que "tem como fonte seja a confiança ingênua, seja a exigência de ilusão" (TOMACHEVSKI, 1976, p. 188). A necessidade de ajustar a literatura, graças à pressão de um público leitor, aos padrões realistas, não impede a existência de uma literatura fantástica que se apoia, fundamentalmente, nas tradições populares.

Porém, ainda segundo Tomachevski, em um meio mais evoluído que o da tradição popular, o relato fantástico ganha uma dupla interpretação fabular: "Podemos compreendê-los de uma só vez como acontecimentos reais e como acontecimentos fantásticos" (TOMACHEVSKI, 1978, p. 189).

Essa dupla interpretação fabular proposta pelo formalista russo está na base da definição de Todorov para o fantástico na literatura:

> O fantástico se fundamenta essencialmente numa hesitação do leitor — um leitor que se identifica com a personagem principal — quanto à natureza de um acontecimento estranho. Esta hesitação pode se resolver seja porque se admite que o acontecimento pertence à realidade; seja porque se decide que é fruto da imaginação ou resultado de uma ilusão; em outros termos, pode-se decidir se o acontecimento é ou não é. Por outro lado, o fantástico exige um certo tipo de leitura: sem o que, arriscamo-nos a resvalar ou para a alegoria ou para a poesia. (TODOROV, 2004, p. 166)

Esta é a síntese da definição da literatura fantástica para Todorov, que encontramos na sua *Introdução à literatura fantástica* (1968).

O termo "introdução" deve-se ao fato de que seu trabalho de pesquisa não esgota uma obra, mas, ao contrário, pincela vários estudos sobre o fantástico no século XIX, bem como obras consideradas pertencentes a gêneros limítrofes, como o maravilhoso e o estranho.

Partindo da obra de Cazotte, *Le Diable amourex*, Todorov mostra a hesitação da personagem, e do leitor, em explicar um fenômeno que pode ter uma explicação racional — ilusão ou sonho — ou uma explicação que admita a existência de entidades sobrenaturais. Não assumir uma ou outra definição mantém a narrativa na ambiguidade e, portanto, no plano do fantástico:

> (...) o fantástico ocorre nesta incerteza; ao escolher uma ou outra resposta, deixa-se o fantástico para se entrar num gênero vizinho, o estranho ou o maravilhoso. O fantástico é a hesitação experimentada por um ser que só conhece as leis naturais, face a um acontecimento aparentemente sobrenatural. (TODOROV, 2004, p. 31)

Assim, quando a narrativa deixa de imprimir no protagonista — e, através dele, no narratário, — o caráter hesitante e se define como um acontecimento sobrenatural, desloca-se para o maravilhoso; se a perda da hesitação se dá pela explicação racional, surge o estranho.

A hesitação para Todorov é o fluxo vital que antepõe o real e o irreal ou as noções da realidade e da literatura, que caracterizam o fantástico como gênero: "o conceito de fantástico se define em relação aos de real e de imaginário" (2004, p.31). A hesitação ocorre a partir do surgimento de um acontecimento inexplicável em um mundo até então normal, como define Felipe Furtado em seu livro *A construção do fantástico na narrativa*:

> Tais manifestações não irrompem de forma arbitrária num mundo já de si completamente transfigurado. Ao contrário, surgem a dado momento no contexto de uma acção e de um enquadramento espacial até então supostamente normais. (FURTADO, 1980, p. 19)

Em vez de nomear o evento como sobrenatural, Furtado prefere o termo *meta-empírico* para significar todo acontecimento que esteja para além do verificável por meio da experiência, incluindo nesse tipo de fenômeno não apenas o sobrenatural, mas também aqueles fatos que não podem ser explicados empiricamente devido ao erro ou ao desconhecimento. Assim, algo que se manifesta como sobrenatural, em algum momento, poderá ter uma explicação racional; e ainda: o sobrenatural para um grupo ou comunidade pode ser tomado como natural por outra comunidade.

Com isso, Furtado acrescenta outra característica ao gênero fantástico: além da hesitação, já definida por Todorov (1978), o fantástico necessita que o fenômeno sobrenatural tenha uma característica negativa, ou seja, a manifestação sobrenatural terá que estar associada a algum tipo de mal, para que haja o confronto com os aspectos realistas da narrativa:

> Assim, só o sobrenatural negativo convém à construção do fantástico, pois só através dele se realiza inteiramente o mundo alucinante, cuja confrontação com um sistema de natureza de aparência normal à narrativa do gênero tem de encenar. (FURTADO, 1980, p. 22)

O sobrenatural positivo se manifesta representado pelos elementos axiologicamente associados ao bem, que não são transgressores da ordem do real; pelo contrário, são coadjuvantes na restauração dessa ordem e não são capazes de produzir a angústia necessária ao processo de hesitação que deverá espraiar-se pelo texto.

Para Todorov (1978), o agente da hesitação é o leitor integrado ao mundo das personagens; não se trata de um leitor real e sim de um leitor implicado no texto, ou, utilizando um termo de Genette, do narratário. A hesitação do narratário, portanto, será a primeira exigência para que o fantástico se dê.

Para Furtado, o narratário intradiegético, aquele que atua na ação como personagem, ou mesmo o narratário extradiegético, que se coloca exterior à história, embora tenha importância na transmissão da ambiguidade, a partir da ocorrência de um fenômeno *meta-empírico*, não pode, por si só, definir o gênero:

> Assim, facilmente se depreende que afastar o traço distintivo do fantástico da sua situação própria (a ambiguidade) para o colocar no papel (nem sempre explícito ou convincente) destinado ao narratário, como o faz Todorov, equivale a dar prioridade ao acessório sobre o essencial, privilegiando um factor aleatório em desfavor de uma característica constante de qualquer narrativa que se inscreva no gênero. (FURTADO, 1980, p. 76).

Furtado não se contenta com a tentativa de definir o gênero fantástico nem a partir de seu impacto no leitor real, pela carga subjetiva que essa escolha implicaria, nem a partir de apenas um elemento da narrativa, como a personagem ou o narratário. Para ele, a hesitação deve permear toda a intriga, deve ser intrínseca à ação e deve se alastrar a todas as estruturas do discurso: "assim serão vários traços do género realizados no texto que irão conduzir o narratário (e com ele uma desejável maioria de leitores reais) à reacção esperada" (FURTADO, 1980, p. 78).

Outra questão sobre a qual Todorov e Furtado estão de acordo diz respeito ao fato de que, para existir o fantástico, não pode haver nem uma leitura poética nem uma leitura alegórica. A leitura poética está vedada ao fantástico, já que ele necessita do processo de ficção, e se assemelha à narrativa elementar. Recusar o processo de representação, ainda que minimamente, e considerar "cada frase como pura combinação semântica" (TODOROV, 2004, p. 68) exclui a possibilidade de surgimento do fantástico.

Já a alegoria carrega um duplo sentido que pode permanecer presente ou pode apagar-se, mas remete o termo sempre a outro sentido. O fenômeno *meta-empírico*, por sua vez, precisa ser tomado literalmente, caso contrário poderá ser remetido a um sentido fora de sua condição: o fantástico logo desaparece.

O fantástico é, pois, um gênero instável: não admite o poético nem o alegórico, e necessita de uma constante hesitação presente em boa parte da estrutura do texto. A hesitação deve ser permanente, caso contrário o fantástico desaparece; além de instável, ele é acossado pelo estranho, de um lado, e pelo maravilhoso, de outro.

Todorov e Furtado, para elaborarem suas análises, partem de várias obras, inclusive algumas que não estão estritamente ligadas ao gênero, mas que incorporam elementos do maravilhoso o do estranho, como é o caso de *As mil e uma noites*, pertencente ao maravilhoso, e "A queda da casa de Usher", de Poe, que, por sua explicação final racional, desloca a narrativa para o campo do estranho.

Dentro da linha do fantástico, como proposto por Todorov, encontramos, também de Poe, "O Gato Preto" (1843). O conto se inicia com uma apresentação bastante provocadora: "Não espero nem peço que se dê crédito à história sumamente extraordinária e, no entanto, bastante doméstica que vou narrar. (POE, 1981, p. 41).

O título do conto já nos prepara para uma ação instigadora, já que o gato preto, ainda em nossa época, está carregado de fortes conotações negativas próximas ao maravilhoso. O narrador-personagem inicia o processo de ambiguidade já nas primeiras linhas, criando uma identificação com o leitor. A oposição entre o extraordinário, por um lado, que nos prepara para um grande evento do qual poderíamos duvidar, como fingidamente espera o narrador, coloca-se, por outro lado, em oposição à questão doméstica e, portanto, trivial, que cria o ambiente para a aceitação do evento sobrenatural. A continuação do conto reforça, na estrutura do texto, essa ambiguidade: "Louco seria eu se esperasse tal coisa, tratando-se de um caso que os meus próprios sentidos se negam a aceitar. Não obstante, não estou louco e, com toda a certeza, não sonho" (POE, 1981, p. 41).

Já nas primeiras linhas se estabelece a condição da ambiguidade entre o estranho e o maravilhoso que, ao se manter até o final, confere à narrativa de "O Gato Preto" sua participação no gênero fantástico. Segundo Todorov, esse seria um dos poucos contos de Poe que se insere no fantástico. A obra do autor seria uma "experiência dos limites" (TODOROV, 2004, p.54), capaz de encenar as questões da realidade em seus limites transgressivos que, em certo sentido, marcam muito o século XIX, com suas reflexões sobre o homem e sua interioridade.

O elemento fantasmático insere-se na consciência individual e apresenta-se relacionado ao tema das drogas, da ilusão, da loucura, do mundo onírico. O fantástico guardará proximidade com essa temática, sem abrir mão porém de outra explicação que não possa, pelo menos naquele momento, ser acolhida pela razão. Por isso o narrador de o "O Gato Preto" faz um apelo para que

> Talvez, mais tarde, haja alguma inteligência que reduza o meu fantasma a algo comum — uma inteligência mais serena, mais lógica e muito menos excitável do que a minha, que perceba, nas circunstâncias a que me refiro com terror, nada mais do que uma sucessão comum de causas e efeitos muito naturais. (POE, 1981, p. 41)

Nessas linhas de Poe podemos antever todo o desconforto da sociedade europeia do século XIX, na qual, como evidencia Roger Bozzeto, em seu texto "Le fantastique 'fin de siècle', hanté par la réalité" (2007), há uma agitação causada por três forças vetoriais sobrepostas. A primeira diz respeito a uma visão otimista causada pelas questões da razão, do desenvolvimento da ciência e do poder da tecnologia, que marcavam, para o cidadão daquela época, um futuro feliz, identificado com o progresso. A segunda fala de uma visão pessimista, encarnada pelo romantismo tardio, com sua visão de sofrimento e perda, da idealização romântica da Idade Média e das paisagens, enquanto que, por contraste, há um acentuado avanço no processo de urbanização. A terceira apresenta uma visão niilista, com grande influência sobre vários autores desse final de século, a partir das teorias de Schopenhauer.

A interação dessas três forças tem significativo impacto no pensamento do final do século XIX. Segundo Bozzetto, "esta crise, e os meios empregados pelos criadores desta época para sair da crise — pelo menos para dar-lhe uma solução estética viável — apesar de seus aspectos heterogêneos, contraditórios, desenharam uma nova base epistemológica, a saber, a base da modernidade"[3] (BOZZETTO, 2007).

Para Bozzetto, os acontecimentos que embasam sua interpretação seriam os seguintes:

- a consideração, pela psicologia, dos fatores relacionados com o inconsciente: Charcot (1825) e Freud (1856);
- o posicionamento do homem em relação à natureza, com a publicação de *Origem das Espécies*, por Darwin, em 1859;
- o Manifesto do partido comunista, em 1848, e o fim da Comuna, em 1872;
- a divisão do mundo pelas grandes potências e o domínio da China pelos europeus (1860);
- o desenvolvimento tecnológico e as grandes invenções.

As mudanças velozes do final do século contrastam com a mentalidade conservadora da época. Por um lado, há um sentimento de grande insegurança frente às mudanças e, por ou-

---

3 A tradução é de minha responsabilidade: "(...) *cette crise, et les moyens employés par le créateurs de cette époque pour en sortir — au moins pour en donner une solution esthétique viable — malgré leurs aspects hétérogènes, contradictoires, dessinent un socle épistémologique nouveau, qui sera celui de la modernité.*"

tro, verifica-se uma insatisfação pelo tipo de vida comum, ainda não transformada por tão maravilhosos acontecimentos.

Na literatura, tem-se o Romance Realista, seguido pelo Naturalista e ainda pelo Simbolismo, como duas formas de apreensão e expressão literárias. É na confluência dessas duas tendências, a partir de um ponto de vista original, que surge o fantástico como gênero literário que se utilizará dos elementos da realidade, como em toda a literatura, de forma fingida, ou, como defende Furtado, com uma falsidade verossímil:

> Tal como o género maravilhoso, o fantástico propõe ao destinatário da enunciação um universo em que algumas categorias do real foram abolidas, ou alteradas, passando a funcionar de uma forma insólita, aberrante, inimaginável. Tal como o maravilhoso, o fantástico não permite que uma explicação racional venha repor a lógica nesse mundo aparentemente "outro" e reinstale, por completo, o leitor no real.
>
> Porém, ao invés do maravilhoso, o fantástico não apresenta a imagem desse universo alucinado com o seu valor facial, não chama as coisas pelos seus nomes. Pelo contrário falseia constantemente tal imagem, procurando suscitar a indecisão entre considerar ou não esse mundo como real. (FURTADO, 1980, p. 44)

O mundo que o fantástico anuncia não é um mundo de certezas, mas de indefinição, que busca levar o narratário, e com ele o leitor real, a um mundo com a falsa aparência de normalidade. Por isso, o narrador de "O Gato Preto" fala de acontecimentos "domésticos", tentando insinuar, com isso, a mais absoluta normalidade, embora já prepare o receptor de seu texto para o acontecimento sem explicação possível:

> Mas amanhã posso morrer e, por isso, gostaria, hoje, de aliviar o meu espírito. Meu propósito imediato é apresentar

ao mundo, clara e sucintamente, mas sem comentários, uma série de simples acontecimentos domésticos. Devido a suas consequências, tais acontecimentos me aterrorizaram, torturaram e destruíram. No entanto, não tentarei esclarecê-los. Em mim, quase não produziram outra coisa senão horror — mas, em muitas pessoas, talvez lhes pareçam menos terríveis que grotescos. (POE, 1981, p. 41)

Vê-se que o narrador quer fazer uma confissão, já que "amanhã" pode morrer, e quem não aceita de bom grado uma confissão? Quem não toma a confissão de alguém que está para morrer como algo sério e verdadeiro? Assim, o narrador prepara o espírito de seu destinatário para o acontecimento insólito que ocorrerá, não sem antes graduar com mais intensidade essa preparação:

Minha mulher, que, no íntimo de seu coração, era um tanto supersticiosa, fazia frequentes alusões à antiga crença popular de que todos os gatos pretos são feiticeiras disfarçadas. Não que ela se referisse *seriamente* a isso: menciono o fato apenas porque aconteceu lembrar-me disso neste momento. (POE, 1981, p. 41)

O gato, Pluto — referência a Plutão, que na mitologia romana é o deus do mundo dos mortos — é, na sequência da narrativa, agredido pelo narrador-personagem, em função de seu estado cada vez mais lastimável de alcoolismo, acabando finalmente morto por enforcamento.

A violência, a morte do gato, o nome do gato, a relação entre gatos pretos e a feitiçaria, o tom confessional do discurso, o alcoolismo e a condução fingida do narrador de um tom envolvente e de efeito graduado na preparação de um destinatário para a sequência narrativa fazem eclodir quase que espontaneamente o evento estranho: um incêndio ocorre no mesmo dia em que o gato é enforcado e destrói toda a casa e os bens do protagonista da história. Uma única parede permanece de pé, e nela se estampa, em baixo relevo, a figura gigantesca de um gato com uma corda no pescoço. "A imagem era de uma exatidão verdadeiramente *maravilhosa*. Havia uma corda em torno do pescoço do animal" (POE, 1981, p. 45).

A expressão *"maravilhosa"*, assim como outras de mesmo teor presentes no texto, como *"estranho"* e *"singular"*, se contrapõe a "não pretendo estabelecer relação de causa e efeito" e "estou descrevendo uma sequência de fatos", bem como as explicações racionais que surgem no texto para dar conta do fenômeno do estampamento do gato na única parede que o fogo não havia destruído. Essa oposição mantém o texto na ambiguidade, não dando ao narratário nenhuma pista em direção a uma solução do enigma. Mesmo o narrador-protagonista alterna entre estados de razão e de alucinação, em função de sua constante embriaguez.

O clima sobrenatural aumenta quando o narrador-personagem se depara com um gato preto que o olhava fixamente e que tinha a mesma aparência de Pluto, inclusive a mesma deficiência em um dos olhos. A única diferença era uma mecha branca, que o outro não possuía, em forma de forca em volta do pescoço.

Agoniado e atormentado pelo pesadelo que era a presença daquele gato, o protagonista, munido de uma machadinha, arremete contra o animal:

> Mas minha mulher segurou-me o braço, detendo o golpe. Tomado, então, de fúria demoníaca, livrei o braço do obstáculo que o detinha e cravei-lhe a machadinha no cérebro. Minha mulher caiu morta instantaneamente, sem lançar um gemido. (POE, 1981, p. 48)

O mal, ou como nomeia Furtado, o maravilhoso negativo, que no século XVIII se manifestava por meio da aparição de entidades maléficas, como o demônio, no século XIX transfere--se para o interior do indivíduo e passa a ser um estado psicológico do ser humano, passando à categoria de "fúria demoníaca". Há, nesse caso, um reconhecimento do *outro* em si mesmo, e também de si mesmo no *outro*, que será objeto de estudo da psicanálise no século XX. O fantasma instala-se no interior da consciência ou, como define Todorov

> é o apagamento do limite entre sujeito e objeto. O esquema racional nos apresenta o ser humano como um sujeito que entra em relação com outras pessoas ou com coisas que lhe são exteriores, e que têm o estatuto de objeto. A literatura fantástica abala esta separação abrupta. (TODOROV 2004, p. 124-5)

Ou ainda: "Olha-se um objeto; mas não há mais fronteiras entre o objeto, com suas formas e suas cores, e o observador. (TODOROV, 2004, p. 125).

No caso do conto em questão, aproveitando-se da reforma do porão, o narrador-personagem empareda sua mulher e, com sua morte, o gato não é mais visto. Justifica a ausência da mulher dizendo que ela o havia abandonado e gaba-se consigo mesmo de, após três visitas da polícia com revista à casa, nada ter sido encontrado. Mas o fantasma exterioriza-se. Há uma necessidade de reconhecimento, de poder ser reconhecido por algo que se fez bem, ainda que seja perverso.

> Uma declaração do tipo: fui eu que fiz. É o que o personagem homérico e o herói trágico eram capazes de afirmar. Para nós, modernos, essa frase de apropriação perdeu sua inocência; ela deve ser reconquistada com operações de objetivação que alinham os acontecimentos que se faz ocorrer intencionalmente sobre os acontecimentos que simplesmente

ocorrem. (RICOEUR, 2006, p. 111-2)

Em uma quarta visita da polícia, não suportando a sensação de triunfo, nosso herói, às avessas, se entrega:

— Senhores — disse, por fim, quando os policiais já subiam a escada — é para mim motivo de grande satisfação haver desfeito qualquer suspeita. Desejo a todos os senhores ótima saúde e um pouco mais de cortesia. Diga-se de passagem, senhores, que esta é uma casa muito bem construída... (Quase não sabia o que dizia, em meu insopitável desejo de falar com naturalidade.) Poderia, mesmo, dizer que é uma casa excelentemente construída. Estas paredes — os senhores já se vão? — estas paredes são de grande solidez.
Nessa altura, movido por pura e frenética fanfarronada, bati com força, com a bengala que tinha na mão, justamente na parte da parede atrás da qual se achava o corpo da esposa de meu coração.
Que Deus me guarde e livre das garras de Satanás! Mal o eco das batidas mergulhou no silêncio, uma voz me respondeu do fundo da tumba, primeiro com um choro entrecortado e abafado, como os soluços de uma criança; depois, de repente, com um grito prolongado, estridente, contínuo, completamente anormal e inumano. Um uivo, um grito agudo, metade de horror, metade de triunfo, como somente poderia ter surgido do inferno, da garganta dos condenados, em sua agonia, e dos demônios exultantes com a sua condenação. (POE, 1981, p. 51)

O gato havia sido emparedado junto com o corpo da mulher.
Essa é uma explicação racional, porém não totalmente convincente, em função da própria construção narrativa. Primeiro, há o desejo, quase confesso, do narrador-personagem de ser pego e reconhecido como astuto e brilhante perante os

demais, como se uma força externa que conduzisse sua ação. Segundo, a maneira como o gato responde, ou seja, trata-se do volume de seu miado, criando a sensação de que algo está se manifestando de forma concreta naquele momento: um choro abafado, soluços de criança, gritos prolongados, estridentes, contínuos, inumanos e agudos de horror e de triunfo. O aspecto do triunfo, inclusive, confere ao grito a particularidade da inteligência, do contentamento feito com a reflexão, conferindo ao gato características para além de sua natureza.

Há a possibilidade de uma explicação racional: o gato era muito semelhante ao anterior e a mecha em forma de forca, apenas uma coincidência. O emparedamento do gato, por descuido, não apaga o caráter amplamente reforçado na narrativa da possibilidade do sobrenatural. Como defende Furtado

> a racionalização não só não desfaz a manifestação insólita encenada na narrativa, como tem até um papel frequentemente importante na sua consolidação, dado que, além de a não pôr globalmente em causa, suscita no destinatário do enunciado uma ilusão de confiança na *"imparcialidade"* do narrador, tornando-se assim um importante fator de verossimilhança. (FURTADO, 1980, p. 67)

No conto "O Gato Preto", os gritos demoníacos emitidos de dentro da parede pelo animal, bem como o qualificativo de monstro que o narrador dá ao gato ao final da narração, não devem ser tomados em um sentido figurado, mas ao pé da letra, como nos alerta Todorov (2004, p. 85), para que a condição da hesitação, e por conseguinte a do fantástico, se instale na narrativa.

Outro quesito importante, ainda segundo Todorov (2004, p. 90), para o discurso fantástico, diz respeito ao narrador, que diz "eu". O narrador é aquele que tem uma história para contar, que sabe, que viveu ou testemunhou uma experiência e pode, agora, narrá-la. Sobre a narrativa paira uma aura de verdade; acreditamos no narrador, porém, como diz Todorov (2004, p. 91), "a linguagem literária é uma linguagem convencional em que a prova de verdade é impossível".

O narrador-personagem acentua a ambiguidade por meio do jogo verdade-encenação e é, por isso, o mais apropriado para o fantástico em função da própria natureza ambígua que permeia o gênero.

Em "O Gato Preto", o "eu-narrador" é também o "eu-alcoólatra" (que se torna violento com seu animal doméstico e é também o "eu-assassino" que mata a mulher) são questões domésticas e de horror. Essas três dimensões do "eu-narrador" já estão concentradas nas primeiras linhas do conto, o qual, como diz Poe na sua "Filosofia da Composição" (1846), deve ter em vista, desde o início, o efeito final: "Não espero nem peço que se dê crédito à história sumamente extraordinária e, no entanto, bastante doméstica que vou narrar. (POE, 1981, p. 41).

3. Os fantasmas estão por todas as partes

Sartre, em seu texto sobre o *Aminadab*, de Blanchot, publicado em *Situations I*, Gallimard, 1947, explora o texto fantástico a partir da linguagem. Ao analisar o estilo do autor em comparação com o estilo de Kafka, Sartre explicita os elementos comuns a ambos:

> O mesmo estilo minucioso e cortês, a mesma polidez de pesadelo, o mesmo cerimonial afetado, extravagante, as mesmas buscas vãs, pois não levam a nada, os mesmos raciocínios exaustivos e improfícuos, as mesmas iniciações estéreis, pois não iniciam a nada. (SARTRE, 2005, p. 136)

Sem se preocupar muito com a coincidência dos elementos presentes na obra de ambos os autores — Blanchot diz não ter lido Kafka antes de escrever o *Aminadab* — Sartre envereda pelo que chama de o "'derradeiro estágio' da literatura fantástica" (SARTRE, 2005, p. 136).

Nesse estágio, os elementos comuns a Kafka e Blanchot levam a condição do fantástico a um estado limite.

Poe foi considerado, no século XIX, o autor que expressava a condição humana em seu limite; no século XX essa condição limite se estenderá para todo o ambiente, não se restringindo apenas ao homem.

> Não se atribui ao fantástico seu quinhão: ou ele não existe ou se estende a todo o universo; é um mundo completo, onde as coisas manifestam um pensamento cativo e atormentado, ao mesmo tempo caprichoso e acorrentado, que lhe corrói por baixo as malhas do mecanismo, sem jamais chegar a se exprimir. Nele, a matéria nunca é totalmente matéria, já que oferece apenas um esboço perpetuamente contrariado do determinismo, e o espírito nunca é totalmente espírito, já que sucumbiu à escravidão e a matéria o impregna e o empasta. Tudo é desgraça: as coisas sofrem e tendem à inércia sem jamais atingi-la; o espírito humilhado, em escravidão, se esforça para obter a consciência e a liberdade sem alcançá-las. O fantástico oferece a imagem invertida da união da alma e do corpo: a alma toma o lugar do corpo e o corpo o da alma. E para pensar essa imagem não podemos usar ideias claras e distintas; precisamos recorrer a pensamentos embaçados, eles mesmos fantásticos, deixar-nos levar em plena vigília, em plena maturidade, em plena civilização à "mentalidade" mágica do sonhador, do primitivo, da criança. Assim, não é necessário recorrer às fadas; as fadas tomadas em si mesmas são apenas mulheres gentis; o que é fantástico é a natureza quando obedece às fadas, é a natureza fora do homem e no homem, apreendida como um homem ao avesso. (SARTRE, 2005, p. 136-7)

Para Sartre, a inversão do corpo pela alma é o reflexo de uma reação à grande desilusão advinda do pós-guerra. O desastre de uma busca metafísica não alcançada leva os escritores e artistas, "por orgulho, por humildade, por espírito de seriedade" (SARTRE, 2005, p. 137), a um retorno às questões humanas. O homem se vê só; não que não exista a transcendência, ela existe, mas é inalcançável. A incerteza contesta a certeza: um elétron pode ser uma partícula, mas também pode ser uma onda (Heisenberg-Bohr).

Nesse processo maior que envolve as artes, de forma geral, a literatura fantástica sofrerá o que Sartre (2005) chama de processo de domesticação, e terá de se adaptar a essa nova realidade. Haverá, portanto, um abandono dos elementos transcendentais e sobrenaturais em favor das condições interiores e exteriores do homem, levando a um deslocamento do estranhamento.

O elemento estranho na literatura fantástica do século XX responde às condições da sociedade nesse século, em que "cada espécie de sociedade produz sua própria espécie de estranhos e os produz à sua maneira, inimitável" (BAUMAN, 1998, p. 27). O excesso da razão continua sendo o elemento recorrente ao qual a literatura fantástica se opõe.

Nesse sentido, o século XX mantém recursos semelhantes àqueles que tinham sido utilizados nos séculos XVIII e XIX, como o acontecimento inexplicável, indicador da ruptura com a linearidade cartesiana do pensamento e da percepção cotidiana.

A diferença básica não reside nos recursos fantásticos, mesmo em uma definição mais ampla, mas em como esse elemento fantasmático se apresenta e é reconhecido. No século XVIII ele é exterior ao homem, que o incorpora como o *outro* que falta nele mesmo; é uma indicação da própria natureza e da condição individual do ser humano: sua origem, sua classe, seu caráter. No século XIX, o fantástico se apresenta interior ao ser humano e é reconhecido como um atributo próprio da sua condição intelectual e psicológica e sua explicação oscila entre os avanços da ciência, a loucura e o universo onírico. No século XX, o fantástico é o próprio homem em seu amplo universo. Nesse sentido, o homem, em suas ações ordinárias ou extraordinárias, se apresenta como o elemento estranho. O fantasmático já não está apenas fora ou dentro do homem, mas é um atributo do próprio homem, fruto de sua natureza.

Já não há senão um único objeto fantástico: o homem. Não o homem das religiões e do espiritualismo, engajado no

mundo apenas pela metade, mas o homem-dado, o homem-
-natureza, o homem-sociedade, aquele que referencia um carro fúnebre que passa, que se barbeia na janela, que se ajoelha
nas igrejas, que marcha em compasso atrás de uma bandei-
ra. Esse ser é um microcosmo, é o mundo, toda a natureza:
é somente nele que se mostrará toda a natureza enfeitiçada.
(SARTRE, 2005, p. 138)

O elemento fantástico ou estranho se apresentará, portanto, como uma inversão de ordem. A matéria disposta é sub-
metida a uma ordem racional com um propósito que a ordena
e tem como finalidade o cumprimento de uma função, que responde a uma necessidade humana. Sartre (2005, p. 139) dá o
exemplo de uma cafeteria onde tudo está ordenado para uma
finalidade: servir o consumidor, que é o próprio homem. Todos
os materiais, dispostos e organizados para esse fim, conformam
a matéria a serviço de uma finalidade espiritual: servir ao homem. "É o meio que faz aqui a função de matéria, enquanto a
forma — a ordem espiritual — é representada pelo fim" (SAR-
TRE, 2005, p. 139).

O reverso dessa condição, ou seja, a primazia da matéria
sobre o espírito se dá pela autonomia dos elementos materiais
a serviço de uma finalidade que, agora, deixa de existir: "o fantástico humano é a revolta dos meios contra os fins" (SARTRE,
2005, p. 140). Essa inversão entre meios e fins, ou do corpo e da
alma, se manifesta no texto fantástico por meio da ambiguidade

(...) que oscila entre a regra e o capricho, entre o universal e o singular, está presente em todo lugar, ela constrange,
sobrecarrega, a violamos quando pensamos estar seguindo e,
quando nos revoltamos contra ela, descobrimo-nos obede-
cendo-a à revelia. Supõe-se que ninguém a ignore e no entanto ninguém a conhece. Ela não tem por finalidade conservar a
ordem ou regulamentar as relações humanas; ela é a Lei, sem
objetivo, sem significado, sem conteúdo, e ninguém pode lhe

escapar. (SARTRE, 2005, p. 143)

Sartre admite que a entrada no mundo fantástico se dá principalmente por meio do protagonista, e que, para melhor penetrar nesse universo, deve se tornar fantástico, como o Thomas do *Aminadab*:

> Não sabemos de onde ele vem nem por que se obstina a encontrar aquela mulher que lhe acenou. Como Kafka, como Samsa, como o agrimensor, Thomas *jamais se espanta*: escandaliza-se, como se a sucessão dos acontecimentos aos quais assiste lhe parecesse perfeitamente natural mas reprovável, como se possuísse dentro de si uma estranha norma do Bem e do Mal. (SARTRE, 2005, p. 144)

O que caracteriza a literatura fantástica no século XX, segundo Sartre, é a sua capacidade de descrever o mundo pelo avesso, e sua função social é a de nos chamar a atenção para esse mundo invertido, que a princípio pensamos não ser o nosso, porém teríamos que levar em conta que, para alguém fantástico, o mundo fantástico também parece normal e ordenado, não espanta nem assombra: "não posso julgar esse mundo, pois meus juízos fazem parte dele" (SARTRE, 2005, p. 145).

Assim a ficção nos aponta uma possível condição do mundo ou, como afirma Bauer (1998, p. 150-1), "a ficção artística é uma sessão de treinamento para viver com o ambivalente e o misterioso", já que há o

> (...) colapso da oposição entre realidade e sua simulação, entre a verdade e suas representações, vêm o anuviamento e a diluição das diferenças entre o normal e o anormal, o esperável e o inesperado, o comum e o bizarro, o domesticado e o selvagem — o familiar e o estranho, "nós" e os estranhos.

(BAUMAN, 1998, p. 37)

A consequência desse processo é o apagamento das diferenças entre verdadeiro e falso na própria interioridade humana; a ficção se levanta da arte e tinge o mundo. Se antes, para se relacionar com a literatura, era necessário aceitar o acordo explícito ou implícito de assumir a ficção como real, pelo menos no âmbito do texto, agora há necessidade da mesma operação para viver: "é a própria realidade que agora necessita da 'suspensão da descrença', outrora a prerrogativa da arte" (BAUMAN, 1998, p. 158). A literatura fantástica, desse modo, anula, ou ao menos dilui, as fronteiras entre o sujeito e o *outro*, como defende Todorov:

> O esquema racional nos apresenta o ser humano como um sujeito que entra em relação com outras pessoas ou com coisas que lhe são exteriores, e que têm o estatuto de objeto. A literatura fantástica abala esta separação abrupta. (TODOROV, 2004, p. 124-5)

A inversão entre os meios e os fins dá nascimento ao mundo em reverso e ao caráter geral da ambiguidade pela oscilação entre esse mundo e seu oposto, destaca o efeito do fantástico no século XX a partir da própria condição fantástica a que o homem se vê submetido: ele mesmo se tornou fantástico.

Poderíamos dizer que a oscilação contínua entre meio e fins confere ao reconhecimento do *outro* um valor dramático e a autonomia plena do reconhecimento emerge dessa possibilidade imanente do contínuo desconhecimento. O *outro* se torna tão distante pela oscilação e tão sem traços próprios que já não há marcas — nem mesmo uma cicatriz como a de Ulisses — que possibilitem o reconhecimento: todos são iguais.

A partir de Kafka, porém, há o surgimento de um novo fantástico, no qual "o mundo inteiro do livro e o próprio leitor nele são incluídos" (TODOROV, 2004, p. 182). Nesse "mundo inteiro do livro", já não é mais o sobrenatural que ampara a visão do *outro*, mas sim uma nova postulação da realidade, como admite Alazraki:

> Se para a literatura fantástica o horror e o medo constituíam o caminho de acesso *ao outro*, e o relato se organizava a partir desse caminho, o relato neofantástico prescinde de medo, porque *o outro* emerge de uma nova postulação da realidade, de uma nova percepção do mundo, que modifica a organização, seu funcionamento e cujos propósitos diferem consideravelmente dos perseguidos pelo fantástico. (ALAZRAKI, 1983, p. 28)

No século XX, além da transformação do fantástico do século XIX em um novo estilo de fantástico ou neofantástico, como propõe Alazraki, surgem outras correntes que às vezes se misturam, outras vezes se distinguem ou se confundem entre si como o realismo mágico e o real maravilhoso, por exemplo, ambos com grande repercussão na América Latina.

Emir Rodrigues Monegal, em seu prefácio ao livro de Irlemar Chiampi, *O realismo maravilhoso*, demonstra como esses conceitos tão em voga na América Latina e frequentemente mal assumidos a partir de Carpentier têm, na verdade, origem europeia, já que foram

> os descobridores e conquistadores, os que o aplicaram primeiro à América para documentar sua estranheza de forasteiros diante de uma realidade exótica; e que já tinha sido aplicado (com a mesma intenção retórica) ao mundo das novelas de cavalaria, à Grécia clássica dos deuses pagãos, à China de Marco Polo. Poucos viram o erro de Carpentier ao atribuir um conceito cultural (o maravilhoso) a uma realidade específica. (MONEGAL, 1980, p. 11)

O conceito de maravilhoso, como se pode observar pelo comentário de Monegal (1980), guarda relação estreita com uma visão cultural que aproxima do Mundo Antigo, do Oriente e da Idade Média da América. O realismo maravilhoso mantém uma relação de proximidade com o maravilhoso medieval e consequentemente com o já estudado Romance Gótico, afastando-se, assim, daquilo que conhecemos como literatura fantástica em seu modelo mais estrito do século XIX, conforme proposto por Todorov.

Para Chiampi, o realismo mágico surge nas décadas de 1940-1950 como uma resposta vigorosa à crise da estética realista, tão comum nas primeiras décadas do século XX, encampando, de um só golpe, toda uma variedade temática que buscava "uma nova visão ('mágica') da realidade" (CHIAMPI, 1980, p.19).

O termo "realismo mágico" foi cunhado pelo historiador e crítico de arte alemão Franz Roh, em 1925, com a publicação de seu livro *Nach-expressionismus, magischer Realismus. Probleme der neuester europäischer Malerei.*[4]

Não apenas o conceito de maravilhoso é europeu, como defende Monegal (1980), como também o termo "realismo mágico" deve sua origem à Europa e à pintura. Franz Roh elaborou sua tese da pintura mágico-realista a partir de vinte e duas características que, ao longo do tempo, foram sofrendo transformações e que Menton (1999) sintetizou em sete características, que podem ser aplicadas tanto à pintura quanto à literatura:

1. enfoque ultrapreciso: um dos fatores dominantes da pintura mágico-realista, tem por objetivo causar no observador o estranhamento, realçando todas as minúcias da tela. É a precisão excessiva dos detalhes da realidade que imprimem um aspecto mágico ao conjunto;
2. objetividade: baseia-se na ideia de não colorir emocional-

---

4 Em português: *Pós-expressionismo, Realismo mágico. Problemas da nova pintura europeia.*

mente o objeto retratado, o que levaria a uma espécie de expressionismo. Menton (1999) dá como exemplo, na literatura, a maneira como Borges desenvolve seus contos de forma objetiva, sem deixar que a emoção transpareça, causando assombro no leitor;

3. frigidez: a pintura e a literatura mágico-realistas são apreciadas mais por fatores intelectuais do que emotivos;

4. visão simultânea: a reação intelectual é provocada pela fragmentação da atenção por meio de uma visão simultânea daquilo que está próximo e do que está distante, fazendo com que a visão escape a todo momento do centro da tela para sua periferia; transforma assim a cena em uma espécie de mosaico, o que também aparece nas narrativas mágico-realistas, como *Cem anos de Solidão*, de Gabriel García Marquez;

5. camadas finas de pintura: não se buscam efeitos especiais por meio da aplicação de capas de pintura, e sim de pinceladas leves que imprimem um efeito de fotografia à pintura. Na narrativa, apresentam-se relatos destituídos de adornos, construídos por meio de uma linguagem simples e direta;

6. miniaturização: a realidade aparece como se fosse um jogo de objetos miniaturizados, a fim de que possam ser manipulados como brinquedos ou maquetes;

7. representação da realidade através de um procedimento contrário ao abstracionismo e ao surrealismo. O realismo mágico trabalha com os elementos possíveis, embora improváveis, enquanto o surrealismo trabalha com o impossível.

Pelas características que Menton (1999) utiliza para definir os postulados de Roh, percebe-se que o "mágico" do realismo-mágico se refere a um ato de percepção revestido de uma aura mágica, invocada pelos traços de um ultra-realismo causado pelo excesso de detalhamento da realidade — fenômeno que deve estar sob o controle da razão para não cair na subjetividade emotiva.

O papel do artista pós-expressionista seria, assim, o de associar objetos específicos, conferindo-lhes um estatuto paradigmático, pelo controle da sua subjetividade deformadora. (CHIAMPI, 1980, p. 22)

Para Menton (1999), a caracterização do realismo mágico fica evidente quando ele é comparado ao fantástico, pois o fantástico seria um gênero possível de encontrar em qualquer período cronológico e que está ligado à fantasia; enquanto que o realismo mágico é uma tendência artística com base em fenômenos históricos e culturais e que se prolonga até os nossos dias.

A definição de realismo mágico por esta via, mais do que esclarecer, dificulta o seu entendimento já que a definição de fantástico que Menton assume é o de ficção, ignorando a outra linha da crítica que considera o fantástico um gênero historicamente definido; anulando, portanto, as diferenças que Menton quer estabelecer entre o realismo mágico e o fantástico.

Mais ainda, ao definir as características da narrativa mágico-realista, Menton não se afasta muito das definições de Todorov (2004) para o fantástico e para o estranho:

A cena, conto ou romance mágico-realista é predominantemente realista com um tema cotidiano, mas contém um elemento inesperado ou improvável que cria um efeito estranho, deixando assombrado o espectador ou o leitor. (MENTON, 1999, p. 36-7) tradução nossa

Além de buscar uma diferenciação, ainda que confusa, entre o fantástico e o realismo-mágico, Menton considera também a existência de uma diferença entre este e o real maravilhoso:

A semelhança entre os termos "realismo mágico" e "o real maravilhoso", mais o feito de que Asturias e seus devotos tenham descrito suas obras narrativas como mágico-realistas, impediram que os americanistas reconhecessem as diferenças entre os dois termos. Além disso, Asturias, Carpentier e outros escritores que buscam captar o mundo estranho, maravilhoso e mágico dos índios e dos negros, tendem em utilizar um estilo adornado, neobarroco, que é a antítese do estilo de Jorge Luiz Borges, por exemplo, cujo realismo mágico provém de sua própria visão de mundo, que se parece muito com a de vários pintores e literatos europeus, norte-americanos e latino-americanos no período entre mais ou menos 1918 e a atualidade. (MENTON, 1999, p. 163) tradução nossa

Comentando o romance *El reino de este mundo*, de Alejo Carpentier, Chiampi estabelece um modelo para o "real maravilhoso americano". Nele se mesclam elementos culturais, que dimensionam a obra como uma narrativa de ruptura com os padrões europeus:

> Essa expressão [real maravilhoso], associada amiúde ao realismo mágico pela crítica hispano-americana, foi cunhada pelo escritor cubano para designar, não as fantasias ou invenções do narrador, mas o conjunto de objetos e eventos reais que singularizam a América no contexto ocidental. (CHIAMPI, 1980, p. 32)

Assim, o real maravilhoso americano proclama sua independência do *"merveilleux"* surrealista, embora as influências deste sobre aquele estejam muito presentes nas primeiras reflexões de Carpentier, principalmente no prólogo ao *El reino de este mundo*.

Chiampi conclui a questão do relacionamento entre o surrealismo e o real maravilhoso apontando as influências e as divergências, que conformam o real maravilhoso a partir de uma orientação americana:

> A afirmação do real maravilhoso como signo de nossa cultura foi motivada pela dissidência de Carpentier com o surrealismo, mas as teses expostas no prólogo a *El reino* revelam a dupla postura de aceitação dos postulados surrealistas (os aspectos mágicos e irracionais do real) e de recusa dos mecanismos de busca da sobre-realidade na literatura, propugnados pelos poetas franceses dos anos vinte. É inútil reivindicar qualquer valor referencial para o real maravilhoso americano. Seu valor metafórico, contudo, oferece um teor cognitivo que bem pode ser tomado como ponto de referência para indagar sobre o modo como a linguagem narrativa tenta sustentar essa suposta identidade da América no contexto ocidental. (CHIAMPI, 1980, p. 39)

Ao analisar a obra de Cortázar, Jaime Alazraki (1983) considera que o surrealismo em Cortázar ultrapassa uma técnica literária, pois é uma visão de mundo libertadora, na qual a realidade se mostra poética:

> Cortázar encontra no surrealismo algumas das ideias chaves (a busca de um reino perdido, a poesia como magia e como força capaz de mudar a realidade, a arte como revelação mais que como invenção, o anúncio de uma idade de ouro, o amor como uma forma de possessão da realidade) que cruzam o romance com suas artérias maiores e que formam esses trampolins desde os quais Horacio Oliveira se lança em suas buscas. (ALAZRAKI, 1983, p. 95)

Segundo Alazraki, o surrealismo para Cortázar é uma alternativa ao pensamento racional, uma técnica de apropriação do real de forma direta, sem a manipulação do homem; são os postulados do surrealismo, mais que as aplicações que dele surgem, que interessam.

Ao contrário de Menton (1999), que busca distinguir o realismo mágico do real maravilhoso, atribuindo ao segundo uma aura de sobrenaturalidade, Chiampi adota uma única terminologia para abarcar os dois fenômenos: realismo maravilhoso.

Tal escolha se deve à concentração da questão no próprio fenômeno literário, no qual o termo maravilhoso já faz parte da tradição literária como oposto à realidade, enquanto o termo mágico remete a fatores culturais gerais:

> À diferença de mágico, o termo maravilhoso apresenta vantagens de ordem lexical, poética e histórica para significar a nova modalidade da narrativa realista hispano-americana.
> A definição lexical de maravilhoso facilita a conceituação do realismo maravilhoso, baseada na não contradição com o natural. Maravilhoso é o "extraordinário", o "insólito", o que escapa ao curso ordinário das coisas e do humano. Maravilhoso é o que contém a *maravilha*, do latim *mirabilia*, ou seja "coisas admiráveis". (CHIAMPI, 1980, p. 48)

O maravilhoso se desdobra em duas acepções básicas, que cobrem a literatura latino-americana: a primeira é uma extensão dos limites do humano; os *mirabilia* relacionam-se com o mirar, o olhar do próprio homem diante dos acontecimentos que desafiam as normas e a compreensão; a segunda é sobre-humana, pertence à esfera dos seres sobrenaturais e enquadra-se dentro da tradição histórica do maravilhoso.

O realismo maravilhoso latino-americano reedita o velho sentido do maravilhoso medieval, de uma sociedade hierofânica, marcada pelas ciências ocultas, e reinstaura o não questionamento do acontecimento maravilhoso, frente aos *realia*: "os personagens do realismo maravilhoso não se desconcertam jamais diante do sobrenatural, nem modalizam a natureza do acontecimento insólito" (CHIAMPI, 1980, p. 61).

O realismo maravilhoso, segundo Chiampi (1980), preenche duas necessidades da literatura latino-americana: a primeira, de ordem representativa, como expressão de uma identidade e a segunda, vinculada a uma experimentação estética renovadora.

Enquanto o discurso realista se apoia na isotopia do natural, o discurso realista-maravilhoso, assim como o fantástico, combina o natural e o sobrenatural. Porém, diferentemente do discurso fantástico, no qual as relações isotópicas do natural e do sobrenatural são ambíguas e tensas, no discurso do realismo maravilhoso elas não são conflitantes: "a operação consiste em buscar o modo de reunir o natural e o sobrenatural numa relação não disjuntiva das isotopias" (CHIAMPI, 1980, p. 140).

Chiampi busca, com isso, definir a forma do discurso realista-maravilhoso diferenciando-o do maravilhoso, que teria em sua raiz mais elementos religiosos e mitológicos do que históricos, relacionando-se, portanto, com o sobrenatural. O discurso maravilhoso apoiar-se-ia numa isotopia do sobrenatural, enquanto o realismo-maravilhoso conjuga o natural e o sobrenatural. Sua afirmação vem principalmente dos estudos de Propp, ao tratar do conto russo, mas pode ser incluído na realidade medieval, que, como já demonstramos, se apoia numa visão hierofânica que também conjuga o natural e o sobrenatural, sem contestá-los ou contrapô-los. Esse é o caso do ciclo arturiano, no qual os elementos históricos, mitológicos, religiosos e folclóricos se misturam em uma saga única.

Também o realismo maravilhoso, ao ir às fontes da tradição indígena e negra, resgata elementos dos povos que habitaram as regiões da América e da África, inclusive seus elementos religiosos. Parece, portanto, muito tênue a diferenciação entre "maravilhoso" e "realismo maravilhoso". Ao contrário, quando se trata da oposição ao realismo, a diferença é clara:

A narração tética (do realismo) e a não tética (do maravi-

lhoso) associam-se, não já para codificar a mensagem trans-
parente dos verossímeis exclusivos, mas para erigir Outro
Sentido, inteligível no contato dialógico entre as *naturalia* e as
mirabilia. (CHIAMPI, 1980, p. 148)

Ou ainda:

> O discurso realista maravilhoso, articulado sobre a nega-
> ção do princípio da contradição, enuncia poeticamente esse
> impossível lógico e ontológico. Ao dizer-se 'é possível que
> uma coisa seja e não seja' estamos diante de algo mais que
> um objeto verbal. Sendo uma distorção da lógica habitual,
> a ideologia do realismo maravilhoso persegue a reviravolta
> da concepção racional-positivista da constituição do real.
> (CHIAMPI, 1980, p. 155)

A verossimilhança, como exigência discursiva do gênero, não se prende às questões referencias da realidade do leitor;
afinal, o que haveria de real numa discussão entre fantasmas
que habitam um "povoado mexicano que padece as misérias do
latifundismo, como a Comala de *Pedro Páramo*?" (CHIAMPI,
1980, p. 165). Para Chiampi, a verossimilhança será o produto
de um acordo entre o narrador e o narratário, que assumem um
mesmo código "lógico e ideológico", que dá sentido à obra.
Estabelece-se assim um horizonte de expectativas interno à obra que convida o leitor real a descobrir, por trás dos fantasmas, dos acontecimentos inesperados e dos eventos sobrenaturais, uma significação lógica, ideologicamente demarcada
dentro de um horizonte de expectativas externo à obra. O efeito
do realismo maravilhoso, bem como o da literatura fantástica
em geral, postula uma nova visão da realidade e busca, através
de uma mirada diferenciada, a observação do outro, que é o
próprio homem, e o mundo que o cerca, nos seus avessos.
São os axiomas desse universo revirado que a literatu-

ra fantástica busca contestar. O discurso fantástico se abre para uma ressignificação das coisas, do mundo e do homem. Ao penetrarmos no texto fantástico, temos a oportunidade de encontrar ali um outro-do-texto que não deixa de ser o *outro* de nós mesmos, como defende Ricoeur (1976). O texto se coloca como uma obra aberta, em movimento, como quer Umberto Eco, uma obra de arte que "nasce de uma rede complexa de influências" (ECO, 1971, p. 34).

PARTE II

1. A ÁLGEBRA MÁGICA ROSEANA E O NOVO FANTÁSTICO

A poesia é também uma irmã tão incompreensível da magia.

Guimarães Rosa

Relacionar a "álgebra mágica" roseana ao fantástico pode parecer um paradoxo, e talvez seja. A "álgebra mágica" é irmã da poesia e, como define Todorov (2004), todo texto poético destrói a ambiguidade que dá existência ao fantástico. A "álgebra mágica" substitui o diabo pelo "homem humano" e coloca Deus em todas as coisas; faz do mundo um meio e da mística uma finalidade e não inverte os meios pelos fins, como quer Sartre (2005), que ainda acrescenta:

> Enquanto se acreditou possível escapar à condição humana pela ascese, pela mística, pelas disciplinas metafísicas ou pelo exercício da poesia, o gênero fantástico foi solicitado a exercer um ofício bem definido. Ele manifestava nosso poder humano de transcender o humano: buscava-se criar um mundo que não fosse este mundo, seja porque se tivesse, como Poe, uma preferência de princípio pelo artificial, seja porque

se acreditasse, como [Jacques] Cazotte, como Rimbaud, como todos os que se exercitavam em "ver um salão no fundo de um lago", numa missão taumatúrgica do escritor, seja ainda porque se quisesse, como Lewis Carroll, aplicar sistematicamente à literatura esse poder incondicionado que o matemático possui de engendrar um universo a partir de algumas convenções, seja enfim porque se tivesse reconhecido, como [Charles] Nodier, que o escritor é antes de tudo um mentiroso, e se quisesse alcançar a mentira absoluta. O objeto assim criado se referia apenas a si mesmo, não visava retratar, queria tão-somente existir, impunha-se apenas por sua própria densidade. Se ocorria a certos autores tomar de empréstimo a linguagem fantástica para expressar algumas ideias filosóficas ou morais sob a aparência de ficções agradáveis, eles reconheciam de bom grado que haviam desviado esse modo de expressão de seus fins costumeiros e apenas criado, por assim dizer, um fantástico em *trompe-l'oeil*. (SARTRE, 2005, p. 137)

Onde, então, está o fantástico em Guimarães Rosa?

Se, por um lado, a narrativa fantástica guarda semelhanças com a narrativa elementar e, por isso, dificilmente poderá se apresentar na forma de poema, por outro lado, é um jogo ficcional que em suas camadas abriga o valor estético que a singulariza, e é justamente no âmbito do poético que esse efeito estético se evidencia pelo ato da leitura.

E, ainda, se, como quer Sartre (2005), o universo humano se tornou fantástico, já que o próprio homem o é, romper com a ordem da realidade é também colocar em crise esse fantástico preconizado por Sartre, que se espalhou pelo cotidiano humano e se vulgarizou nas ações diárias do "mundo em reverso". É na linguagem poética que o novo fantástico pode reivindicar seu estatuto original de elemento de ruptura e, portanto, voltar à origem, que nada mais é do que voltar ao poético:

A poesia é metamorfose, mudança, operação alquímica e,

por isso, associa-se à magia, à religião e outras tentativas para transformar o homem e fazer de "deste" e de "aquele" esse "outro" que é ele mesmo. (...) A poesia põe o homem fora de si e, simultaneamente, o faz regressar a seu ser original: faz com que retorne a si próprio. O homem é sua imagem: ele mesmo e aquele outro. (PAZ, 2003, p. 126)

E ainda, segundo Guimarães Rosa:

Queria libertar o homem desse peso, devolver-lhe a vida em sua forma original. (...) Não há nada mais terrível que uma literatura de papel, pois acredito que a literatura só pode nascer da vida, que ela tem de ser a voz daquilo que eu chamo "compromisso do coração". A literatura tem de ser vida! O escritor deve ser o que ele escreve. (ROSA, 1991, p. 84)

Uma narrativa somente será fantástica — num mundo onde o fantástico é a própria realidade — se ela incorporar elementos inusitados de outra ordem, capazes de trazer à vista do leitor implicado no texto uma perspectiva de ruptura que instaure um espaço onde o *outro* possa ser reconhecido. Esse é o elemento da alteridade que, diacronicamente, tem sido objeto da literatura fantástica e talvez explique a comparação que Günter Lorenz faz entre Guimarães Rosa, Borges e Cortázar:

Assassínio e violência, ternura e incesto, realidade, horrores e coisas fantasmagóricas (mais pavoroso e fantástico do que nas construções intelectuais de um Jorge Borges e Julio Cortázar) se revezam, criando o quadro de composição caprichoso de um acontecimento de febril dramaticidade. (LORENZ, 2003, p. 378)

Assim podemos encontrar em Guimarães Rosa uma

aproximação aos fundamentos da literatura fantástica, embora tal aproximação não se configure como participante dos modalizadores canônicos das obras aceitas como tal, porém, certamente devem ser fiéis às leis que determinam sua poética:

> Não se deve confundir a possibilidade de um código geral e permanente, com a possibilidade de leis. Talvez a Poética e a Retórica de Aristóteles não sejam possíveis; mas as leis existem; escrever é, continuamente, descobri-las ou fracassar. Se estudamos a *surpresa* como efeito literário, ou os argumentos, veremos como a literatura vai transformando os leitores e, em consequência, como esses exigem uma continua transformação da literatura. Pedimos leis para o conto fantástico; mas já veremos que não há um tipo, senão muitos tipos, de contos fantásticos. Há que indagar as leis gerais para cada tipo de conto e as leis especiais para cada conto. O escritor deverá, pois, considerar seu trabalho como um problema que se pode resolver, em parte, por leis gerais e preestabelecidas e, em parte, por leis especiais que ele deve descobrir e acatar. (BORGES, CASARES e OCAMPO, 1999, p. 8)

A maneira como Monegal (1991) descreve o processo pelo qual *A terceira margem*, por exemplo, "encarna-se" na imaginação do leitor, demonstra a fidelidade de Guimarães Rosa às leis que seus contos exigem:

> Porém esta história conseguia, pelos meios mais simples e intensos, criar para o leitor a impossível promessa de seu título: uma terceira dimensão da realidade (a terceira margem) se fazia patente, convertia-se em experiência, encarnava-se na imaginação. (MONEGAL, 1991, p. 48)

Essa lei da poética roseana vincula-se à "álgebra mágica" pela relação que ela guarda com a poesia e com a ciência, amalgamadas num paradoxo que não se manifesta no texto roseano como um absurdo, mesmo porque, como defende Sartre, o absurdo faz parte do mundo racional, já que

> (...) é o objeto de um pensamento claro e distinto; ele diz respeito ao mundo "em anverso" como limite efetivo dos poderes humanos. No mundo maníaco e alucinante que tentamos descrever o absurdo seria um oásis, um repouso, de modo que aí não há lugar algum para ele. Nesse mundo não posso me deter por um só instante: todo meio me remete sem descanso ao fim fantasmagórico que o assombra e todo fim me reenvia ao meio fantasmagórico pelo qual eu poderia realizá-lo. (SARTRE, 2005, p. 140)

O paradoxo algébrico mágico se concretiza, então, na poética roseana, tendo como único intuito dizer o indizível, pois "os paradoxos existem para que se possa exprimir algo para o qual não existem palavras" (ROSA, 1991, p. 66). É pelo indizível que a poética de Guimarães Rosa se presentifica como elemento de alteridade capaz de subtrair o homem de um mundo que, segundo Octávio Paz, ruma sem sentido e sem direção:

> O mundo moderno perdeu o sentido e o testemunho mais cru dessa ausência de direção é o automatismo da associação de ideias, que não está regida por nenhum ritmo cósmico ou espiritual, senão pela sorte (...) Tudo é alheio a ele (o homem moderno) e ele em nada se reconhece. É a exceção que desmente todas as analogias e correspondências. O homem não é árvore, nem planta, nem ave. Está só em meio à criação. (PAZ, 2003, p. 98)

O paradoxo substitui as palavras (que não existem) pelas imagens, que nos dão, por meio do uso intenso dos elementos sensoriais, uma impressão mais viva e uma possibilidade de conhecer sem o uso das palavras. Também o fantástico, com suas habituais imagens, abusa da nossa capacidade de experimentar, viola a linearidade de nosso raciocínio cartesiano e instaura um processo mágico que atribui aos objetos novas significações.

O fantástico não economiza no uso de possibilidades que possam causar estranheza e desconforto; para isso, disfarça e camufla os objetos cotidianos e desautomatiza nossa visão, como quem esconde um tesouro atrás de algo que estamos cansados de ver sem ver.

"É um processo em que a expressão ideal é a álgebra, ou onde os objetos são substituídos por símbolos", como diria Chklovski (1978, p. 44). Para o formalista, no método do pensamento algébrico, os objetos não são explorados em suas possibilidades, nem são registrados devidamente pela consciência; são apenas reconhecidos por seus traços: "o objeto passa ao nosso lado como se estivesse empacotado, nós sabemos que ele existe a partir do lugar que ele ocupa, mas vemos apenas sua superfície" (CHKLOVSKI, 1978, p. 44).

Para Guimarães Rosa, porém, o que distingue a álgebra mágica, elemento fundamental da sua poética, é justamente a exatidão de seu inacabamento e indeterminação; sua natureza se refere ao "indeterminado, vago, mágico, algébrico" (ROSA, BIZZARRI, 2003, p. 165). Essa imagem (paradoxal) cria um espaço terceiro, onde a magia é também álgebra e esta é magia, o que é um paradoxo. Campo de forças em movimento dialógico de concentração-dispersão, no qual as diferenças podem conviver sem necessidade de coincidirem, sendo, ao mesmo tempo, o próprio e o alheio, o "um" e o "outro", abolindo qualquer possibilidade de contradição.

A reflexão sobre o fantástico afinado com a "álgebra mágica" tem como consequência a aproximação da poesia, essa "irmã misteriosa da magia", como diz Rosa. Mas para isso temos que pensar numa reformulação do próprio gênero, que abrirá espaço para o universo poético.

Tomachevski, em *Temática*, define os gêneros como criações temáticas, que diferenciam as obras segundo o procedimento que as estruturam:

> (...) falamos da diferenciação natural quando ela provém de uma certa afinidade interior entre os procedimentos particulares que lhes permite combinarem-se facilmente; da diferenciação literária e social, quando ela decorre dos objetivos propostos nas obras literárias, das circunstâncias de sua criação, de seu destino, do acolhimento destinado à obra; e falamos de diferenciação histórica, quando ela procede da imitação de obras antigas e tradições literárias. (TOMACHEVSKI, 1978, p. 200.)

Os traços distintivos dos gêneros, nesse caso, se atêm às questões dos procedimentos: alguns são formais, como o poético e o prosaico, e outros mais externos, como a maneira de apresentação da obra, que define o que é dramático e o que é narrativo. Para esse autor, os gêneros têm vida e capacidade de desenvolvimento. Também têm a capacidade de assumirem, dentro de si, grandes mudanças; mas permanecem vivos com a mesma identificação (ainda que as que os compõem variem muito):

> Entretanto, por causa do interligamento habitual da obra aos gêneros já definidos, seu nome se conserva, ainda que uma modificação radical se tenha produzido na construção das obras pertencentes a ele. O romance de cavalaria da Idade Média e o romance contemporâneo de Andrei Bieli ou Pilniak podem não ter nenhum traço em comum e, entretanto, o romance contemporâneo aparece como resultado de uma lenta evolução secular do romance primitivo. A balada de Jukovski e a balada de Tikhonov são totalmente diferentes, mas existe entre elas um vínculo genético e podemos uni-las através de faixas intermediárias que testemunham a passagem progressiva de uma forma à outra. (TOMACHEVSKI, 1978, p. 201)

Para Todorov (2004, p. 8), a ideia de gênero implica uma hipótese geral, extraída de uma observação científica, que pode ser corrigida ou rejeitada posteriormente: "... podemos aceitar já a ideia de que os gêneros existem a diferentes níveis de generalidade e que o conteúdo dessa noção se define pelo ponto de vista escolhido" (TODOROV, 2004, p. 9).

Todorov não apenas aceita uma variedade grande de gêneros, muito além dos tradicionais lírico, dramático e épico, como também crê que, em se tratando de arte, todo novo exemplar pode modificar seu conjunto. Isto significa que o novo nunca é totalmente novo, mas participa de uma tradição preexistente da qual herda suas propriedades, ao mesmo tempo em que transforma essa tradição, dando-lhe um novo corpo de manifestação: a obra singular.

Podemos dizer que, dessa forma, o autor entrelaça, conecta, recita e recria uma tradição, ao mesmo tempo em que a rompe, e assim renova constantemente. O autor é o regente de uma orquestra de vozes: as de uma determinada tradição, as vozes de outros textos, as de seu meio, além de emitir sua própria voz. Ele se coloca na fronteira de todos esses espaços e dá estabilidade a uma nova construção estética; é o criador ativo, como define Bakhtin:

> O autor deve estar situado na fronteira do mundo que ele cria como seu criador ativo, pois se invadir esse mundo ele lhe destrói a estabilidade estética. Nós sempre podemos definir a posição do autor em relação ao mundo representado pela maneira como ele representa a imagem externa, como ele produz ou não uma imagem transgrediente integral dessa exterioridade, pelo grau de vivacidade, essencialidade e firmeza das fronteiras, pelo entrelaçamento da personagem com o mundo circundante, pelo nível de completude, sinceridade e intensidade emocional da solução e do acabamento, pelo grau de tranquilidade e plasticidade da ação, de vivacidade das almas das personagens (ou estas são apenas tentativas vãs do espírito de transformar-se por suas próprias forças em alma). Só

quando se observam todas essas condições o mundo estético
é sólido e se basta a si mesmo, coincide consigo mesmo na
visão estética ativa que temos dele. (BAKHTIN, 2003, p. 177)

A visão estética do século XX pede uma nova imagem
da realidade, e toda a literatura contemporânea busca se opor
às "normas ou leis que configuram de maneira unívoca nossa
imagem da realidade" (ALAZRAKI, 1983, p. 29).

Alazraki, com base nos estudos de Umberto Eco sobre
a indeterminação da arte contemporânea, diz que não é apenas o neofantástico que busca, no século XX, romper com as
normas estabelecidas por essa visão da realidade. Para ele, toda
a literatura contemporânea, por meio das imagens, amplia as
possibilidades de transmissão comunicativa, que deixa, assim,
de ser unívoca:

> O caráter experimentalista da arte contemporânea não
> responde senão a essa perdida segurança, à necessidade de
> substituir uma imagem do mundo regido por imóveis axio-
> mas e leis inapeláveis por uma imagem que possa não respon-
> der a essas leis, mas que se sabe mais próxima da experiência
> humana e que, se está governada por certas normas, estas per-
> manecem não formuladas. (ALAZRAKI, 1983, p. 30)

Se toda a literatura do século XX busca a imagem da
ruptura, que não é governada pelos princípios da lógica cartesiana, qual seria, então, a imagem buscada pelo neofantástico?

Segundo Alazraki, o centro do neofantástico reside na
metáfora, cuja definição "se afasta da definição aristotélica e se
aproxima, em troca, da noção nietzscheana" (ALAZRAKI, 1983,
p. 42). Enquanto para Aristóteles a metáfora implica a substituição de um termo por outro, com o qual mantém algum tipo de
analogia, para Nietzsche a metáfora não substitui, mas carrega
no termo substituto o substituído, levando-o em sua essência.

Segundo Ricoeur (1976), a teoria aristotélica da metáfora e seu desenvolvimento dentro da retórica implicam as seguintes características:

> 1) A metáfora é um tropo, uma figura do discurso que diz respeito à denominação; 2) Representa a extensão do sentido de um nome mediante o desvio do sentido literal da palavra; 3) A razão deste desvio é a semelhança; 4) A função da semelhança é fundamentar a substituição do sentido figurativo de uma palavra em vez do sentido literal, que se poderia ter usado no mesmo lugar; 5) Por isso, a significação substituída não representa nenhuma inovação semântica. Podemos traduzir uma metáfora, isto é, repor o sentido literal de que a palavra figurativa é um substituto. Com efeito, a substituição mais restituição é igual a zero; 6) Visto que não representa uma inovação semântica, uma metáfora não fornece qualquer informação nova acerca da realidade. Eis porque se pode considerar como uma das funções emotivas do discurso. (RICOEUR, 1976, p. 60-1)

Nos estudos mais modernos da metáfora, Paul Ricoeur, citando Monroe Beardsley, diz que "a metáfora é um poema em miniatura" (RICOEUR, 1976, p. 58), e acrescenta: "a relação entre o sentido literal e o sentido figurado numa metáfora é como uma versão abreviada dentro de uma frase singular da complexa interação de significações, que caracterizam a obra literária como um todo" (RICOEUR, 1976, p. 58).

A metáfora não é apenas um significado deslocado; mais do que uma semântica da palavra, ela pode se estender para uma semântica da frase, criando novas significações. Na frase, os termos da metáfora aparecem em tensão: "quando o poeta fala de um 'anjo azul' ou de um 'manto de tristeza', põe em tensão dois termos que, segundo Richards, podemos chamar de o teor e o veículo. E só o conjunto constitui a metáfora. (RICOEUR, 1976, p. 58).

Para Alazraki (1983), a tensão entre os termos da metáfora cria significações múltiplas, que caracterizam o neofantástico por sua ambiguidade e "responde a leis inéditas, a uma poética da indeterminação" (1983, p. 73):

> A metáfora de Cortázar, ao prescindir do desdobramento teor-veículo, ao oferecer um destinatário sem remetente, uma imagem capaz de múltiplos teores, exige do leitor uma leitura ativa e criadora. Teor e veículo andam juntos. O veículo expressa de alguma maneira o teor é a forma que Cortázar escolheu para explicar o inexplicável de sua experiência, é a solução literária para suas fobias e obsessões, mas uma solução que, em vez de traduzir tal causalidade, aquilo que a experiência tem de irredutível, ela encontra sua própria linguagem. Como toda linguagem, as metáforas da literatura neofantástica procuram também estabelecer pontes de comunicação, só que agora o código que decifra esses signos já não é o do dicionário estabelecido pelo uso. É um código novo, inventado pelo escritor para dizer de alguma maneira essas mensagens incomunicáveis na chamada "linguagem da comunicação". Tratar de encontrar referencias convencionais na metáfora de Cortázar, isto é, traduzir esses coelhinhos segundo nosso dicionário, do uso, equivaleria a ver no conto um puro jogo, uma charada, na qual se sabe, desde o começo, que há uma ordem ludicamente ocultada pelo autor e que o leitor, usando seu engenho, deve reconstruir. Os coelhinhos estão aí para dizer e representar algo não enunciável. (ALAZRAKI, 1983, p. 75)

Os termos em tensão — o teor e o veículo — se referem, respectivamente, ao sujeito original, ao qual um atributo é conferido, e à imagem, que confere uma nova significação às palavras. A relação entre o teor e o veículo forma a base que se abre em vários graus de significação, dependendo da característica da metáfora. Comentando a *A metamorfose*, de Kafka, Alazraki define da seguinte forma o teor, o veículo e a base:

> Poderíamos descrever a condição de Gregório Samsa como o teor da metáfora, ou seja, como a parte da imagem que se busca definir ou descrever e sua metamorfose como seu veículo, ou a parte da imagem que define ou descreve, por comparação, o sujeito ou teor da metáfora. A comparação estabelece uma relação na qual o teor e o veículo se reconhecem e que Richards chama de "base". Em *A metamorfose*, a base alcança uma abertura ou ângulo de relação de 360° graus: dentro do espaço limitado que proporciona um círculo entre um número ilimitado de possíveis interpretações ou relações entre o teor e o veículo. Em uma metáfora elementar como "sonoro cristal", o ângulo da base é limitado e imediatamente reconhecível. A comparação da água de uma fonte com "um cristal sonoro" desvenda sem maior esforço o elemento comum que relaciona o teor com seu veículo: a transparência. (ALAZRAKI, 1983, p. 39-40)

A metáfora assim configurada ultrapassa o efeito retórico e consegue conferir ao texto uma ampliação de sua capacidade semântica. Dessa forma, a metáfora neofantástica se distancia daquelas em que a base é limitada e busca as de 360° graus, que são as que rompem com o processo axiológico das leis determinadas e podem exprimir o indizível:

> Tal transgressão, que Nietzsche define com a característica distintiva da metáfora é, sem dúvida, o coração do neofantástico. Se o mundo, como escreve Nietzsche "é uma invenção, uma pobre soma de observações", o neofantástico é uma tentativa de reinventá-lo a partir de uma nova linguagem, a partir de uma transgressão dos nomes das coisas. (ALAZRAKI, 1983, p. 44)

Para Alazraki, o neofantástico, por suas características transgressoras e recriadoras da realidade, assume-se como uma via gnosiológica diferente da racional, e apela, em contra-partida, para uma visão mais intuitiva e dionisíaca, que representa "a unidade ontológica da vida, a unidade original de todos os seres" (ALAZRAKI, 1983, p. 46). Assim, o conhecimento aparece não apenas como um atributo da ciência racionalista, mas também da "arte animada pelo espírito dionisíaco" (ALAZRAKI, 1983, p. 46).

O neofantástico não só se vincula ao poético como também faz dele uma alternativa de conhecimento e de recriação da realidade, possibilitando ao homem o encontro consigo mesmo. Talvez por isso Guimarães Rosa defendesse "o primado da intuição sobre a megera cartesiana":

> Ora, você já notou, decerto, que, como eu, os meus livros, em essência, são "anti-intelectuais" — defendem o altíssimo primado da intuição, da revelação, da inspiração sobre o bruxulear presunçoso da inteligência reflexiva, da razão, a megera cartesiana. Quero ficar com o Tao, com os Vedas e Upanixades, com os Evangelistas e São Paulo, com Platão, com Plotino, com Bergson, com Berdiaeff — com Cristo, principalmente. (ROSA, BIZZARRI, 2003, p. 90-1)

O desenvolvimento do fantástico ao longo do tempo implica, segundo Alazraki, uma relação com o ambiente social. Para ele, cada época elabora uma visão de mundo e uma forma de transgredi-la:

> É extremamente significativo que as obras mestras do gênero fantástico tenham sido escritas nas três décadas que vão de 1820 a 1850. Que vários países, em um momento determinado, produzam as obras por meio das quais o fantástico como gênero seja definido não é, não pode ser, uma casua-

lidade, e Caillois tentou explicar, como vimos, as forças que geram essa nova poética do fantástico. O neofantástico responde a uma dinâmica semelhante. Suas metáforas são tentativas de alcançar a representação de percepções ou visões que ultrapassam os limites da poética realista. Para conquistar tal objetivo, essa literatura instaura uma nova poética, da mesma maneira que, para compreender certas formas especiais, intoleráveis, dentro dos limites da geometria euclidiana, se torna indispensável a formulação de uma nova geometria. Nessa poética não há lugar para as leis de identidade, contradição e exclusão da lógica aristotélica. (ALAZRAKI, 1983, p. 59-60)

Para Alazraki, o século XX não é mais a época do domínio isolado da geometria euclidiana, mas sim da mistura de outras geometrias, como a projetiva e a afim. Enquanto a geometria euclidiana atua sobre as três dimensões do plano, e nele as figuras geométricas permanecem sempre a uma distância fixa umas das outras a partir de um ponto de origem, a afim não se relaciona com qualquer noção de origem, extensão ou ângulo, mas com a de subtração de pontos que geram vetores; já a projetiva implica a descrição das propriedades das figuras geométricas. Alazraki resume as propriedades dessas três geometrias da seguinte forma:

Na geometria euclidiana, triângulos similares, que são distinguíveis somente através de sua posição no espaço e na longitude de seus lados, não são figuras diferentes, senão uma só figura. Na geometria afim, em troca, na qual o problema de longitude e ângulo não se coloca, a distinção entre circulo e elipse deixa de existir. Se passamos para a geometria projetiva, a distinção entre *extensão infinita* e finita, mantida na geometria afim, desaparece. (ALAZRAKI, 1983, p. 60)

A explanação sobre as geometrias possíveis no século

XX, por parte de Alazraki, confere um redimensionamento do conceito de realidade. No século XVIII, uma geometria que não fosse a euclidiana pareceria irreal, suspeita e impossível; dito de outra maneira: fantástica. Assim, se ainda hoje concebemos o espaço pelo viés da geometria euclidiana, a própria realidade, frente aos avanços da matemática e da ciência em geral, poderá nos parecer fantástica; mas se, ao contrário

> concebemos a realidade como um espaço onde o causal é uma geometria ainda que não a única, e onde há lugar para outras geometrias não causais, que contradizem a razão, mas que expressam novas formas dentro desse espaço, é natural que o fantástico adquira também uma condição de realidade. Mais ainda: a realidade expressa pelo fantástico alcança um grau de complexidade semelhante ao da geometria não-euclidiana em relação com a geometria métrica. (ALAZRAKI, 1983, p. 62)

A compreensão dos espaços reconfigurados, para Alazraki, é melhor apreendida pela via da intuição do que pela via da razão; e é justamente em função disso que ele levanta sua crítica a Sartre. Para ele, Sartre teria sido mais filósofo do que artista ao analisar o *Aminadab*, de Blanchot. Sua visão da literatura fantástica reduz a condição do fantástico ao nível da linguagem convencional comunicativa, afirma Alazraki; seria como traduzir um poema para a linguagem convencional.

Ainda que as considerações de Alazraki sobre o neofantástico não esgotem as possibilidades da "álgebra mágica" de Guimarães Rosa, ela se aproxima, por considerar as múltiplas possibilidades significativas que a linguagem poética, através de suas imagens, oferece. Como diria Otavio Paz (2003, p. 114), "Cada Imagem — ou cada poema feito de imagens — contém muitos significados contrários ou díspares, que abarca ou reconcilia sem suprimi-los."

O mesmo se passa com as metáforas do neofantástico e

sua geometria não-euclidiana, que pede uma prosa revestida de poeticidade que possa se relacionar com o aspecto dionisíaco de cada leitor, o aspecto não racional. É a poeticidade que instaura uma nova linguagem, como defende Paz: "Cada vez que surge um grande prosador, nasce de novo a linguagem. Com ele começa uma nova tradição. Assim, a prosa tende a se confundir com a poesia, a ser ela mesma poesia" (PAZ, 2003, p. 108).

A "álgebra mágica" de Guimarães Rosa implica, também, a utilização de uma língua única, a sua própria, formada metodologicamente em função da poeticidade de seus "contos críticos":

> Primeiro, há meu método que implica na utilização de cada palavra como se ela tivesse acabado de nascer, para limpá-la das impurezas da linguagem cotidiana e reduzi-la a seu sentido original. Por isso, e este é o segundo elemento, eu incluo em minha dicção certas particularidades dialéticas de minha região, que são linguagem literária e ainda têm sua marca original, não estando desgastadas e quase sempre são de uma grande sabedoria linguística. Além disso, como autor do século XX, devo me ocupar do idioma formado sob a influência das ciências modernas e que representa uma espécie de dialeto. E também está à minha disposição esse magnífico idioma já quase esquecido: o antigo português dos sábios e poetas daquela época dos escolásticos da Idade Média, tal como se falava, por exemplo, em Coimbra. (ROSA, 1991, p. 81)

Por um lado, como o neofantástico, a álgebra mágica em seu aspecto linguístico, abre-se para o campo das ciências modernas, abarcando todas as geometrias e concretizando-as no objeto poético multissignificativo, com suas metáforas elaboradas em 360º graus de base; como aliás aconteceu com Kafka e outros grandes autores do século XX, que exploraram as regiões do indizível; por outro lado, reveste-se de uma mística que tem na fé seu sustentáculo da verossimilhança; a narrativa conduz, diz e mostra e assim o leitor é levado a acreditar que aquilo que se narra é, pelo menos, possível, se não completamente verdadeiro. Essa veracidade construída pelo escritor é, para Borges, o primeiro elemento de importância na construção do romance para que este não se afaste de sua raiz milenar: a magia. Em sua análise da obra de William Morris, *Life and Death of Jason* (1867), diz o seguinte:

> Esta necessitava, antes de mais nada, de uma forte aparência de veracidade, capaz de produzir essa espontânea suspensão da dúvida, que constitui para Coleridge, a fé poética. Morris consegue despertar essa fé. (...) Morris pode não comunicar ao leitor sua imagem do centauro e nem mesmo convidar-nos a ter uma, basta-lhe nossa contínua fé em suas palavras, como no mundo real. (BORGES, 2005, p. 240-1)

A fé defendida por Borges é aquela capaz de fazer com que a narrativa não precise nomear os objetos, mas apenas fazer alusões a eles. Borges, inclusive, cita, em *A Arte Narrativa e a Magia*, o possível, mas improvável, comentário de Mallarmé sobre essa questão: "Nomear um objeto é suprimir as três quartas partes do prazer do poema, que reside na felicidade de ir adivinhando; o sonho é sugeri-lo" (BORGES, 2005, p. 244). No poema de Morris analisado por Borges, as figuras fantásticas, como a do centauro, por exemplo, que é apresentada após uma longa digressão sobre a genealogia desses seres, vão ganhando consistência na narrativa ao se relacionarem com outras classes de seres, algumas mais próximas, outras mais distantes do ser humano, tornando suas existências mais críveis: pelo uso adequado das palavras, a fé poética permite tomar a ficção como uma verdade.

Outra questão defendida por Borges refere-se à causalidade que, no "amoroso romance de personagens", por exemplo, "imagina ou dispõe uma concatenação de motivos que se propõem não diferir daqueles do mundo real" (BORGES, 2005, p. 245), enquanto que, no "romance de contínuas vicissitudes", esse procedimento se torna inadequado, vinculando-se ao aspecto da magia por sua "ordem diversa, lúcida e atávica" (BORGES, 2005, p. 245).

Enquanto a causalidade singular da ficção mantém-se muito próxima às do mundo real, a causalidade mágica não apenas afasta-se desta, mas rege-se por uma outra ordem; sua relação entre causa e efeito não é dada por elementos próximos e encadeados, e sim por uma "simpatia que postula um vínculo inevitável entre coisas distantes" (BORGES, 2005, p. 245) e aparentemente inconciliáveis, mas que guardam relação ou de igualdade — magia homeopática ou imitativa —, ou de proximidade ancestral, que é a magia contagiosa.

Podemos observar as influências dos conceitos de "fé poética" e "causalidade" desenvolvido por Borges na análise que elabora Alazraki ao estudar a obra de Cortázar, já que esses conceitos se aproximam das ideias de geometria não-euclidiana e de metáfora de 360 graus.

Em relação à álgebra mágica, poderíamos dizer, de forma projetiva, que, além dos aspectos linguísticos, há, também, esses dois procedimentos identificados por Borges: o da fé, que sutilmente leva o leitor a incorporar as imagens ficcionais como verdade, criando um pacto de aceitação por meio da construção literária; e a questão da causalidade, paradoxal e diversa daquela que preside a concatenação lógica dos acontecimentos.

Essa proximidade entre Borges e Guimarães afasta-os de todos aqueles escritores latino-americanos que buscaram ficcionalizar a realidade por meio de um realismo-mágico ou maravilhoso, como defende Nunes, afinada com o crítico Monegal:

O crítico uruguaio Emir Monegal ressalta bem a impossibilidade de se assimilar o conceito de Borges de literatura fantástica a qualquer espécie de realismo, ainda que se acrescente o "mágico" ou o "maravilhoso". Ao pensar em uma poética da narrativa, o escritor argentino parte da concepção de arte narrativa como artifício, ou construção. Isso impossibilita uma tentativa de leitura realista da literatura. (NUNES, 2002, p. 197)

Borges busca "na *causalidade* o mecanismo central que permite diferenciar a ficção supostamente"realista" da ficção que ele agora chama de "mágica" e que, em trabalhos posteriores, chamará de "fantástica" (MONEGAL, 1980, p. 163). Acrescenta, ainda, que

> Examinando a causalidade da ficção, Borges distingue duas formas básicas que correspondem às duas formas de causalidade que se manifestam no mundo real: a) a mimética, que imita a *causalidade do mundo real*, tal como é apresentada pela ciência, e que corresponde ao que ele chama de "romance de tipos", mas que geralmente se designa como "romance realista"; b) a que segue a *causalidade da magia*, que corresponde ao "romance tumultuado e progressivo", isto é: o romance de aventuras. (MONEGAL, 1980, p. 165)

É ao segundo tipo de causalidade, aquela relacionada com a magia, que Borges acrescentará os adjetivos "lúcido", "primitivo", "ancestral"; e, ainda, "primitiva clareza", demonstrando não apenas sua predileção por esta causalidade, mas também reforçando a ideia de precisão e de "rigor e lucidez intelectual", afastando-se dos conceitos de realismo mágico e de real maravilhoso, como também esclarece Monegal:

> Uma narrativa "mágica" fundamenta-se aqui, mas uma narrativa em que o termo mágico pouco ou nada tem a ver com as vaguezas que, desde Franz Roh e Massimo Bontempelli, até Uslar Pietri e Alejo Carpentier, vêm-se atribuindo na crítica contemporânea. (MONEGAL, 1980, p. 168)

Outro texto basilar sobre a literatura fantástica, também citado por Monegal, é o prefácio ao livro de Bioy Casares, publicado em 1940, *A invenção do Morel*. No prólogo, Borges contesta a primazia do romance psicológico defendido por Ortega y Gasset: "anota com justiça Ortega y Gasset que a 'psicologia' de Balzac não nos satisfaz; cabe observar o mesmo de seus argumentos" (BORGES, 2001, p. 28).

Ortega y Gasset, em *A desumanização da Arte* (1925), analisando a obra de Stevenson, defendia a ideia de que o romance de aventura não teria mais interesse algum e não seria capaz de sensibilizar. Borges defende o romance de aventuras, que, ao não se propor a transcrever a realidade, não teria partes injustificadas, e sim um argumento mais rigoroso. Por isso, "diante da desordem do romance psicológico ou realista, diante de sua falta de forma ou de rigor, Borges apresenta a ordem, a forma, o rigor do romance de aventuras" (MONEGAL,1980, p. 171).

Em seu estudo sobre a obra de Borges, Monegal aponta os três tipos de narrativas que se depreendem das suas teorias e cujo elemento orientador é a causalidade:

> Haveria, assim, uma narração mimética, realista, psicológica, que imita a causalidade natural e que é, portanto, caótica, como o mundo real. Em segundo lugar, haveria uma narração mágica, ou fantástica, que tem, ao contrário, como fundamento a causalidade mágica e que é extremamente rigorosa. Em terceiro lugar, haveria uma narração maravilhosa, ou milagrosa, em que a causalidade seria sobrenatural, isto é: totalmente arbitrária. (MONEGAL, 1980, p. 174).

Por esta concepção, a literatura em geral é, em si mesma, fantástica, porém Borges distingue claramente entre a causalidade, que está na raiz de uma literatura mimética, daquela que preside ao fantástico ou, como diz Nunes, "O de que fala o *fantástico* não tem uma diferença qualitativa do que fala a literatura em geral, mas há uma diferença de intensidade que atinge seu ponto máximo com o fantástico" (NUNES, 2002, p. 202).

Pensando no fantástico como um modo narrativo, Ceserani (2006) diz que

> Não existem procedimentos formais e nem mesmo temas que possam ser isolados e considerados exclusivos e caracterizadores de uma modalidade literária específica. Isso vale para o fantástico, mas também para todos os outros possíveis modos de produção literária. Cada procedimento formal, ou artifício retórico e narrativo, ou tema ou motivo, pode ser utilizado em textos pertencentes às mais diversas modalidades literárias. O que caracteriza o fantástico não pode ser nem um elenco de procedimentos retóricos nem uma lista de temas exclusivos. (CESERANI, 2006, p. 67)

Não nos importando com as questões temáticas ou retóricas, ou pelo menos, não as considerando como elementos fundamentais de caracterização do fantástico na literatura, como sugere Ceserani, podemos nos libertar das definições mais restritivas que modalizam o gênero. Vamos, portanto, apoiar-nos na concepção borgiana de fantástico, que se estende para toda literatura como construção ficcional, mas que, ao se manifestar mais intensamente em algumas obras do que em outras, caracterizará o polo oposto ao das literaturas mimético-realistas em função da causalidade empregada em cada uma delas: singular, para a primeira e mágica, para a segunda, além da fé poética necessária para que cada leitor aceite o texto ficcional como verdade pactuada.

O próprio neofantástico, termo definido por Alazraki ao percorrer a obra de Cortázar, não deixa de evidenciar as influências do pensamento borgiano que se espelha em uma grande parcela da literatura fantástica argentina.

O centro do neofantástico é a metáfora em 360 graus de base, que não se limita ao retórico, mas atinge o grau máximo de poeticidade ao não apenas substituir um termo por outro, mas carregar em si o substituído. Essa comunicação em 360 graus de base somente é possível pela relação que estabelece entre os termos distantes que compõem a metáfora, possibilitando leituras multissignificativas e, ao mesmo tempo, indefiníveis no horizonte das referências comuns.

A metáfora do neofantástico, considerada para além do efeito retórico, cria a indeterminação do texto e abre a possibilidade de expressão do indizível por meio de uma experiência íntima que estabelece com o leitor. Mais do que de uma poética, aqui falamos da capacidade que tem a obra de arte de marcar o seu receptor.

Embora ainda devamos extrair de "A Terceira Margem do Rio", de Guimarães Rosa, a poética da álgebra mágica, de forma projetiva, pensamos que as características do neofantástico, como expressão da literatura Latino-Americana da segunda metade do século XX, possam servir de porta de entrada para a compreensão de seus mecanismos e significações.

Antes, porém, queremos avaliar se a tradição do fantástico, em seus princípios, meios e finalidades, está presente em Guimarães Rosa ou se fazem parte de seu projeto literário de juventude, anterior à expressão mais elaborada da álgebra mágica, como fundamento de seus contos críticos.

2. O fantástico em "O Mistério de Highmore Hall" e "Tempo e Destino"

Escrevia friamente, sem paixão, preso a moldes alheios. Na verdade, o importante eram os cem-mil réis do prêmio...

Renard Perez

As temáticas propostas por Guimarães Rosa nesses dois contos anunciam sua disposição em buscar elementos literários não restritos à questão regionalista. Se, por um lado, Guimarães Rosa se declarava regionalista, como se percebe por suas afirmações a Lorenz: "portanto, estou plenamente de acordo, quando você me situa como representante da literatura regionalista" (ROSA, 1991, p. 66); por outro lado, o cenário regionalista roseano é composto por elementos espirituais e místicos que configuram Guimarães Rosa como um escritor síntese dessas duas tendências, como quer Walnice Nogueira Galvão, ao afirmar que "sua obra vai representar uma síntese feliz das duas vertentes [a regionalista e a espiritual]" (GALVÃO, 2001, p. 7).

Nos primeiros contos, essa peculiar linguagem regionalista ainda não está presente, mas já vemos seu método de ir "costeando o sobrenatural, em demanda da transcendência"

(GALVÃO, 2000, p. 8). O próprio Guimarães Rosa elabora uma tabela de pontuação dos elementos de sua obra: "(...) assim gostaria de considerá-los: a) cenário e realidade sertaneja: 1 ponto; b) enredo: 2 pontos; c) poesia: 3 pontos; d) valor metafísico-religioso: 4 pontos" (ROSA, BIZZARRI, 2003, p. 90-1). A prosa de Rosa "revela um traço regionalista mais amplo e mais sonhador, se comparado com o dos escritores que haviam anteriormente explorado o filão sertanejo" (CASTRO, 1993, p. 5).

O regionalismo de 1930 se vê afetado pelos fenômenos sociais que se situam entre as duas guerras mundiais. Segundo Galvão, no panorama brasileiro há uma nítida influência da literatura social norte-americana, que, além da inspiração de Zola e da crise causada pela quebra da bolsa de Nova York, em 1929, produz uma literatura documento, que se torna "best-seller" tanto nos Estados Unidos como no resto do mundo. Como marco oposto à visão regionalista, aparece no Brasil, sob inspiração francesa, segundo Galvão, uma literatura de inquietação metafísica, dentro da qual os problemas de "miséria, injustiça, opressão — nada significavam quando comparados à salvação ou perdição da alma, esses escritores e seus escritos operam por dentro de uma introspecção levada ao limite" (GALVÃO, 2000, p. 23). É preciso dizer também que, nos Estados Unidos, na década de 30, há uma corrente literária que postula a supremacia dos elementos de mistério sobre a literatura jornalística e documental, que domina o cenário do país: são os contos fantásticos, que têm como principal escritor H.P. Lovecraft, fiel discípulo de Poe.

Não encontramos nos primeiros contos de Guimarães Rosa a temática regionalista, que só surgirá mais tarde e que ele utilizará, de forma adaptada, como pano de fundo para o desenvolvimento dos enlaces que deixam vislumbrar por entre os jogos de imagens sua inquietação metafísica. Esta, sim, já está presente nos primeiros contos e é valorizada como algo de maior importância em toda a sua obra.

Na biografia *Escritores brasileiros contemporâneos*, publicada originalmente em 1960 pela Civilização Brasileira e, posteriormente, na *Coleção Fortuna crítica 6,* sob direção de Afrânio Coutinho e seleção de textos de Eduardo Coutinho, também da Civilização Brasileira, Renard Perez levanta a questão a respeito dos primeiros contos de Guimarães Rosa, publicados no jornal *O Cruzeiro,* que obedecem mais a uma necessidade econômica do então estudante de medicina do que a um exercício da escrita "algébrico-mágica".

Wilson Madeira Filho (2000), em seu artigo "Retorno a Highmore Hall", diz que, embora os primeiros contos de Guimarães Rosa tenham sido "relegados pelo autor em sua maturidade por *não transcenderem*" (p. 709), eles demonstram a qualidade de Rosa para elaborar chaves anagramáticas através dos nomes, com o intuito de atribuir mais significações às palavras.

Os dois contos escolhidos como corpus deste trabalho de investigação são de fato muito diferentes daqueles que logo surgiriam em *Sagarana,* escrito em 1937, que inegavelmente obedece a outra matriz. Nessa matriz não se vislumbra o sertão, nem os bois, nem a linguagem elaborada, nem os paradoxos que fizeram de João Guimarães Rosa um grande escritor, a quem "uma única palavra ou frase podem (...) manter ocupado durante horas ou dias" (ROSA, 1991, p. 79). Porém, acreditamos que, de forma bruta, já é possível encontrar elementos da "álgebra mágica" que só em futuro próximo seriam lapidados pelo trabalho contínuo e que só então integrariam a personalidade de Rosa em seu processo de travessia como escritor. Os contos que escolhemos não foram redigidos com o primor do joalheiro que pule sua joia, mas sim com as mãos brutas do garimpeiro que peneira seus primeiros diamantes.

"O mistério de Highmore Hall" foi publicado em 07 de dezembro de 1929, no jornal *O Cruzeiro,* quando Guimarães Rosa tinha 21 anos. Seu modelo é nitidamente inspirado em Poe e Walpole; inclusive Guimarães Rosa faz menção direta a este último em uma nota de pé de página em um dos prefácios de *Tutameia,* "Sobre a escova e a dúvida":

Encontrei o nome: SERENDIPITY. Feliz neologismo cunhado por Horace Walpole para designar a faculdade de fazer por acaso afortunadas e inesperadas "descobertas". Numa carta a Mann (28 de janeiro de 1754) ele diz tê-lo tirado do título de um conto de fadas, "os três príncipes de Serendip" que estavam sempre obrando achados, por acidente ou sagacidade, de coisas que não procuravam". (ROSA, 1994, p. 680)

De Poe, há a experiência ficcional como condição limite da experiência humana, apresentando também o paralelismo com o conto "A queda da casa de Usher". De Walpole, Rosa herda a tradição do Romance Gótico: o horror.

Como em *Grande Sertão: Veredas*, o conto inicia-se com um diálogo e, com as primeiras palavras, a história já está em andamento:

— Não, Highmore Hall fica mais para diante, á beira do lago, junto ao clã de Glenpwy. Este aqui é o castelo de Duw-Rhoddoddag, pertencente ao jovem Sir Francis Lawen, que está agora em Londres. Se quiser aceitar nossa hospedagem, preparar-lhe-emos um quarto.

— Obrigado. Preciso continuar minha viagem. E ainda está muito longe o solar dos Highmore?

— Não muito. Poderá chegar até lá antes do anoitecer. Mas... afinal, será o senhor parente do velho, para vir se meter nessa lura de raposa? (ROSA, 1929, p. 11).

O cenário do conto é a Escócia e os nomes são adaptações de palavras em inglês que Guimarães Rosa elabora com o intuito de explorar outros significados possíveis.[5] Não, Angus Dumbraid não é parente do velho; é um médico que se juntou a ele a pedido de John Highmore, que sofria de uma estranha

---

5 Para um estudo parcial dos nomes, "Retorno a Highmore Hall", de Wilson Madeira Filho.

doença. Do início da narrativa até chegar ao solar dos Highmore, nosso protagonista passa por um processo que vai do claro ao escuro, de uma idealização mental a uma realidade concreta: do dia ensolarado ao anoitecer.

O efeito de escurecimento se acentua em função de sua comparação com o solar, um "velho casarão", e da comparação do senhor do solar com uma coruja: "o velho casarão não é nada convidativo, e menos ainda o é Sir John, que vive lá enfurnado como uma coruja" (ROSA, 1929, p.11). O tom de envolvimento do discurso acrescenta mais um elemento: a intriga. O velho Highmore havia perdido a esposa para um rival, Sir Elphin Lowen, com quem a mulher fugira há 15 anos e nunca mais foram encontrados, criando uma rivalidade entre os dois clãs. Além da intriga, há um fato misterioso: Sir Elphin havia abandonado um filho e toda a sua fortuna sem nunca mais dar notícias.

A descrição do solar dos Highmore também contribui para o tom resultante do efeito:

> O casarão cinzento, denegrido, meio desmantelado, acocorava-se no alto da colina, rodeado de paisagem tristemente árida. Reinava em torno a desolação e o silencio. O lago avançava num golfo estreito e alongado, apertado entre as costas rochosas. O solo pedregoso e nu de vegetação estendia-se em ondulações crescentes para o norte, onde negrejavam os cimos dos Grampians. E vapor opaco baixava continuamente, velando o horizonte com brumas espessas. A gente de Glenpwy nunca chegava até lá, e raramente algum pescador de salmão abicava aquela margem do lago. (ROSA, 1929, p. 11).

Esse mesmo tom mórbido está presente no conto de Poe, no momento em que ele descreve a casa de Usher; a diferença é que, em "A queda da casa Usher", a casa e os personagens da família Usher estão intimamente relacionados entre si, já que os irmãos vivem um amor incestuoso, aparente causa, aliás, da maldição que recai sobre ambos, além da loucura de Usher, causada pela culpa e pelo medo. No caso de Highmore, a conexão entre a casa e o velho é mais sutil, pois a decadência da casa parece estar ligada ao aparente abandono pela esposa: "E até hoje não deixou mais a velha casa. Nunca mais sorriu. Parece uma alma do outro mundo! O castelo vai se desmoronando aos poucos" (ROSA, 1929, p. 11).

Também o velho Highmore padece de loucura, pois havia aprisionado a mulher e o amante no calabouço do castelo, assim como Usher, que havia enterrado a irmã viva, signo de sua angústia. Ana, a mulher adúltera, morre logo em tal situação, porém Sir Elphin sobrevive durante quinze anos, com a pouca alimentação que Sir John jogava por um alçapão.

O efeito do medo e do terror aumenta na cena em que Rosa descreve a tentativa desesperada de Sir Elphin em se comunicar com alguém que possa socorrê-lo: pinta com seu sangue mensagens de pedido de socorro nos restos da roupa e os amarra nas costas dos ratos, únicos mensageiros disponíveis:

"(...) só Deus poderá (...)
de tão horrorosa prisão!
Socorrei-me por tudo (...)"

Essa primeira parte do conto, que não mostra Sir Elphin aprisionado no castelo, chega ao final com o pedido desesperado de socorro. Todos os elementos do conto apontam para um horror negro, sem um desfecho satisfatório, já que Dumbraid, o médico com acesso às mensagens de socorro, volta a Londres e acaba não dando maior importância às mesmas. Porém, essa supressão do efeito do horror não perde de vista o desenlace do conto, como aliás Poe solicitara em "A filosofia da composição", de 1845, que deve ter inspirado Rosa em seus primeiros anos: "nada é mais claro do que deverem todas as intrigas, dignas desse nome, ser elaboradas em relação ao *epílogo* antes que se tente qualquer coisa com a pena" (POE, 1965, p. 911).

Poe preferia sempre iniciar seus contos com a consideração de um *efeito*, sem perder de vista o caráter de originalidade necessário para que tal efeito não perdesse força. O efeito, para ser concretizado, passa por uma apreciação do tom da narrativa e dos incidentes que comporão a trama. No caso de "O mistério de Highmore Hall", fica clara a relação de incidentes que o aproxima de "A queda da casa de Usher": o mistério familiar, a loucura, o amor proibido, o sepultamento em vida, a casa decadente à beira do lago, a aparição fantasmática final e a morte do dono da casa. Quanto ao tom, ambos são solenes e carregados de tristeza, mistério e horror — como Poe gostava —, mas com a diferença de que Rosa, ao narrar em terceira pessoa e não em primeira, como Poe, cria um menor envolvimento do leitor com a narrativa. O tom poético, segundo Poe, pode ser obtido por meio da morte de uma bela mulher — como Leonora, de "O corvo", Madeline Usher, de "A queda da casa de Usher", e Ana Highmore, de "O mistério de Highmore Hall". O ritmo poético é criado graças à cadência do efeito que, prematuramente, não pode ser intenso: "tivesse eu sido capaz, na composição subsequente, de construir estâncias mais vigorosas, não teria hesitações em enfraquecê-las propositadamente, para que não interferissem com o efeito culminante" (POE, 1965, p. 917).

A pausa no desenvolvimento da intensidade do efeito, presente entre a primeira e a segunda parte do conto, é uma espécie de respiração, para que o efeito não se perca prematuramente e possa seguir seu curso até o desenlace final:

E de repente um grito horroroso, desesperado, agudíssimo, dominou a orquestração uivante do temporal. Eletrizado, Dumbraid teve um susto, um calafrio e um estremecimento.

Reconheceu a voz de sir John, não obstante o timbre nada ter de humano, parecendo o estertor de um animal que se estrangula.

E, numa reação corajosa, abriu a porta e precipitou-se na

galeria alagada. Vergastado pelas lufadas impetuosas, teve de se encostar ao frio da parede; e esgueirou-se, aproveitando o clarão momentâneo dos relâmpagos.

Só ao alcançar o gabinete de sir John, cuja porta encontrava pela primeira vez escancarada, lembrou-se de não ter arma nenhuma consigo.

Receou entrar, e de fora perscrutou o aposento. E então evaporou-se-lhe o ímpeto de ousadia, e ele quedou, não mais com medo, mas estupidamente paralisado ante a *coisa* concreta, assistindo horrível cena de pesadelo.

Não havia luz no gabinete, mas os relâmpagos, agora contínuos, iluminavam-lhe os mínimos detalhes.

De pé, hirto, os olhos esbugalhados, os cabelos arrepiados, o castelão tremia, levando as mãos á frente, num gesto instintivo de defesa. E diante dele via-se um corpo hediondo, nu, hirsuto, negro, sujo, a escorrer água, os ombros largos sustentando a juba cerdosa de uma cabeça e a grenha barbuda de um rosto bestial.

Os olhos faiscavam chamas de ódio — olhos de leopardo numa cara de gorila.

E o mais terrível era que esse monstro falava, ou antes rugia, com sotaque absurdo, com voz entrecortada, exprimindo-se dificilmente mas numa entonação feroz e decidida. (ROSA, 1929, p. 12)

O ambiente, o temporal e a aparição vão se somando para gerar o tom de horror e medo, até ficar claro que o monstro é Sir Elphin, que havia escapado de seu calabouço e buscava vingança. Os quinze anos de prisão, a dor de ver sua amada morrer e se decompor em sua frente e de ter que utilizar seus ossos para cavar um túnel o haviam transformado, de fidalgo, em monstro: uma das mais horríveis metamorfoses, que leva John Highmore imediatamente à morte, por medo.

O conto de Guimarães Rosa, apesar de escrito no século XX, mantém uma matriz mais próxima dos séculos XVIII e XIX. Não combina com o neofantástico, conforme a formulação de Alazraki; nem tampouco com o fantástico, conforme elaborado por Todorov; também não se enquadra na "álgebra mágica" que vamos encontrar no trabalho posterior de Guimarães Rosa, a partir de *Sagarana*. Mas já há uma evidente preocupação com a busca do efeito, com a construção das palavras e de metáforas que agreguem significação e poeticidade ao texto. Há também a busca de uma trama que não seja racionalista e cartesiana e que ofereça, por meio do horror, bem característico do Romance Gótico, uma apreciação dos limites das possibilidades do ser humano.

Por sua vez, "Tempo e Destino", também publicado no jornal *O Cruzeiro*, em 22 de junho de 1930, tem uma clara temática fantástica à maneira do século XIX. Zviazline, jogador de xadrez com grandes conquistas como amador, mas sem muita experiência profissional, tem que enfrentar profissionais experientes em uma grande competição e necessita do prêmio em dinheiro para se casar com Efrozine, sua amada.

O tom do conto obedece ao de uma narrativa elementar: dois amantes que se veem impedidos de concretizar seu amor por causa de um obstáculo — nesse caso, a falta de dinheiro. Durante uma partida de treinamento, Zviazline percebe uma figura diferente entre os espectadores:

> Então Zviazline olhou pela primeira vez os assistentes. E viu na sua frente uma figura estranha de grifo, que relembrava os retratos de Satanás: fronte desmedidamente ampla; sobrancelhas oblíquas; olhos pequenos, maliciosos, faiscantes; nariz adunco como bico de falcão; lábios finos frisados por sorriso diabolicamente irônico. (ROSA, 1930, p. 12)

O sujeito parece exercer um estranho poder sobre ele, já que sua aproximação coincidiu com o crescimento da capacidade enxadrística de Zviazline, possibilitando que ele ganhasse as partidas com outros mestres mais experientes como parceiros.

O enigma sobre o sujeito estranho aumenta quando o mesmo profere uma sentença também estranha: "— Enfim, já se começa a compreender e a jogar o xadrez entre os homens!" (ROSA, 1930, p. 12).

O tom sobrenatural é trabalhado pelo narrador em terceira pessoa quando ele completa a descrição da figura enigmática, sugerindo que talvez ele não seja humano, o que acentua o efeito da frase anterior, quando parece falar dos homens como se não pertencesse à mesma espécie:

> A sua voz estalou fanhosa, esganiçada, como se viesse de muito longe; e, não fora o ar sobrenatural de quem a pronunciara, qualquer um se sentiria insultado pela ironia da expressão. E, sem esperar resposta, o enigmático homenzinho se afastou num passo miúdo, como o saltitar de um pássaro.
>
> Os circunstantes indagaram-se mutuamente, mas nenhum conhecia a esdrúxula criatura de sortilégio. Era de certo algum brincalhão de mau gosto, que quisera se divertir à custa deles. (ROSA, 1930, p. 12)

Ao mesmo tempo em que a figura do ser estranho, de aparência não humana, é sugerida, há o ar de galhofa que remete o acontecido para uma condição de brincadeira de "mau gosto", surgindo uma explicação racional para aquele homem estranho e para as vitórias de Zviazline, que podem ser tomadas como coincidência apenas. Não há, ainda, uma hesitação caracterizadora do fantástico do século XIX; é necessário que a história siga...

As vitórias na seção de treinamento repercutiram por todo o círculo enxadrístico e, numa atitude criminosa, Zviazline foi drogado momentos antes de iniciar o torneio. Em estado de delírio, deixa seu quarto e passa a vagar pelas ruas até se deparar com uma sala circular onde dois homens jogavam xadrez. A decoração era feita com signos raros; queimavam o incenso e a mirra. Um dos jogadores era o conhecido misterioso e "o outro tinha cabelos e barba cor de neve; mas a fisionomia austera e majestosa não era absolutamente a de um velho. Ele parecia acima das idades! Tinha uma ampulheta ao seu lado num canto da mesa" (ROSA, 1930, p. 46).

Os jogadores eram o Tempo e o Destino e o jogo de xadrez era o "único tarot absoluto, chave de todo simbolismo!..." (ROSA, 1930, p. 46). Zviazline havia sido atraído por ser o escolhido que receberia o ensinamento arcano daquilo que era, para quase todos, "um jogo, para alguns uma arte, e uma ciência para muito poucos..." (ROSA, 1930, p. 46). O Destino passa a ser o narrador e começa a explicar quem ele é, qual sua característica e quem é seu parceiro, que continuava impassível a manejar as peças do jogo que tinha à frente. Também reforça a herança humana como uma gênese de Prometeu, ao falar da chama humana por meio de uma profecia:

> — Sim, não passáveis primitivamente de meros autômatos, com menos independência e arbítrio talvez que estes trabalhos em que tocam as nossas mãos!... Entretanto, uma força imensa, formidável, desabrochou e cresceu na chama microscópica de vossos cérebros embrionários... Essa potencia que não sabeis ainda manejar, mas que vos há de transformar em deuses, é a vontade!... (ROSA, 1930, p. 46)

O fogo sagrado roubado dos deuses e doado à humanidade se apresenta como uma vontade capaz de realizar grandes feitos, à altura dos deuses. Essa é a revelação arcana que recebe Zviazline em sua iniciação. Logo a seguir, ele é levado pelas mãos do Tempo para contemplar a história, que passa em sua frente por meio de mil imagens e acontecimentos insólitos. Por fim, o movimento desacelera e ele entra em um estado de grande calma e tranquilidade; então desperta e se lembra da competição de xadrez. Corre em direção ao salão do torneio, na esperança de não ter perdido o início da competição, mas quando chega lá percebe que o torneio, que durou 20 dias, já havia finalizado e que ele havia ganhado a competição com 11 vitórias em 11 partidas e era o novo campeão mundial. A explicação para o fato: "Haviam decorrido vinte dias desde o começo da sua amalucada excursão! E enquanto o velho Cronos o distraíra com as visões fantasmagóricas, "Anágke", disfarçado, substituíra Zviazline no torneio, alcançando estrondosa vitória" (ROSA, 1930, p. 46).

Esse desenlace remete o conto para o maravilhoso, pois sua explicação sobrenatural invalida a possibilidade do fantástico. Depois dessa experiência, Zviazline cumpre seu trajeto heroico e se casa com Efrozine, mas nunca mais joga xadrez: "mais forte que Adão, recusava provar do fruto da ciência, e mais humano que Prometeu, se não atrevera a roubar o fogo do céu. (ROSA, 1930, p. 46).

O conto descreve o trajeto iniciático que leva Zviazline à aquisição de um conhecimento arcano: a ciência do jogo de xadrez, que se reveste da metáfora da vida. Abandonar o jogo é abandonar a busca incessante das combinações que a vida oferece pelo exercício da vontade herdada de Prometeu e essa é a síntese de toda a ciência. O texto estabelece uma relação entre o Tempo e o Destino, entre Ormuz e Ariman, deuses masdeístas que representam o bem e o mal. Enquanto o Tempo, e portanto Ormuz, o bem, não retira sua atenção do jogo, como um todo, e do movimento frenético das peças, Ariman intervém nas ações humanas através da providência ou da fatalidade: são as duas caras do destino. Porém, não fica claro para o leitor se o destino é um ser em si ou se apenas responde à condição humana, pois, apesar da explicação final de que o destino havia assumido o lugar de Zviazline no torneio, poder-se-ia argumentar que a conclusão não passa de uma explicação superficial, pois, ao se apresentar usando a voz do narrador, assume um valor de verdade. O narrador, porém, está narrando uma história que ouviu do próprio Zviazline:

O jovem enxadrista acordou cedo e bem disposto. Como

de costume, o criado lhe trouxe o café preto, ainda fumegante. E logo após começavam os efeitos estramonizantes de uma droga criminosamente misturada!...

O que depois se passou, nem o próprio Zviazline soube contar direito. Lembra-se, muito mal, de ter saído desesperado, numa excitação doida, pondo-se a girar a esmo pelas ruas, esquecido por completo do torneio a começar daí a pouco. Tomara em seguida um automóvel, e, já fora dos arrabaldes, ao norte da cidade, despedira o chofer, caminhando num automatismo de sonâmbulo, como se arrastado por chamamento superior e invisível. (ROSA, 1930, p. 12)

Toda a narrativa, passada através do narrador em terceira pessoa, tem sua origem no que Zviazline contou depois; é uma forma sutil de transferir a narrativa em terceira pessoa para um narrador-personagem que esteve sob o efeito de drogas: passamos, portanto, de uma explicação sobrenatural do fenômeno para uma explicação natural, o que remeteria o conto para a condição do estranho. Na dúvida entre um e outro, ao não podermos decidir se o relato em primeira instância é a história contada por um narrador em terceira pessoa ou se é a história da personagem, resvalamos para a dúvida entre as seguintes alternativas: maravilhoso ou estranho, e, ao não podermos decidir, por meio dos elementos textuais, entre uma ou outra, entramos no âmbito do fantástico.

A dúvida instaurada nos remete a outra dúvida roseana, a que permeia *O grande Sertão: Veredas*: a dúvida de Riobaldo sobre a existência do diabo ou se o que existe mesmo é "o homem humano" em seu projeto de travessia.

Riobaldo, religioso e místico, dialoga com um interlocutor mudo que não acredita na existência do demo, pois sua formação científica e criação urbana afastam a possibilidade de tal entidade. Em *O grande Sertão: Veredas*, Deus se apresenta fora dos acontecimentos pontuais, pairando sobre todas as coisas, enquanto o diabo, este sim, "está na rua, no meio do redemoinho". Também em "Tempo e Destino", o Tempo, ou Ormuz, contempla os infinitos movimentos do xadrez da vida, enquanto o Destino, Ariman, se intromete nas ações humanas; é ele quem supostamente, se aceitamos o tom maravilhoso do conto, leva seu iniciado à vitória. Caso optemos pelo estranho, é o próprio Zviazline, com a consciência alterada, que alcança a vitória. Outra relação com *O grande Sertão: Veredas* é que Zviazline, o ucraniano, assim como Riobaldo, o urucuiano, ao atingir o auge de sua carreira, se aposenta e aparentemente vive a contar os fatos de seu passado. Foi por esse meio que o narrador se inteirou do acontecido; a diferença é que Zviazline conquista o amor de sua vida, Efrozine, enquanto Riobaldo perde Diadorim, embora se case com Otacília.

Se os primeiros contos de Guimarães Rosa receberam, por parte do próprio autor, o adjetivo de contos que não transcenderam, é impossível negar que "Tempo e Destino" contém, de forma embrionária, elementos que transcenderão em *O grande Sertão: Veredas*. Tempo e Destino, ou Ormuz e Ariman, são representações do bem e do mal na religião masdeísta e que, transpostas para o cristianismo, recebem os nomes de Deus e diabo. O jogo de xadrez se apresenta como metáfora da existência, da vida humana, como já havia ensaiado Machado de Assis, quando escreveu: "das qualidades necessárias ao xadrez, Iaiá possuía as duas essenciais: vista pronta e paciência beneditina; qualidades preciosas na vida, que também é um xadrez, com seus problemas e partidas, umas ganhas, outras perdidas, outras nulas" (MACHADO, 1992, p. 464). Guimarães Rosa, na trilha de Machado, insiste na representação do xadrez como uma metáfora da vida e por isso diz que é, para poucos, uma ciência arcana; a grande maioria apenas vê o jogo e não sabe que, por detrás de cada jogada, estão as mãos do Tempo e do Destino ou, dito de outra forma, de Deus e do diabo.

Também Borges explorou a temática do xadrez. Publicou, em 1960, um poema- *Xadrez*, incluído no livro *O Fazedor*, no qual presta uma homenagem à arte de Caíssa, ao mesmo tempo em que toca em questões como o tempo e o destino:

Quando os jogadores tiverem ido,
Quando o tempo os tiver consumido,
Certamente não terá cessado o rito.

No Oriente acendeu-se esta guerra
Cujo anfiteatro é hoje toda a terra.
Como o outro, este jogo é infinito.

Também a relação do xadrez com o mundo pode ser observada no verso que distingue o xadrez por sua infinitude. Mais revelador ainda é o conto "O Milagre Secreto", publicado em *Ficções*, em 1994, depois, portanto, da publicação do conto "Tempo e Destino", de Guimarães Rosa.

O conto se inicia com o relato de um sonho ocorrido na noite de quatorze de março de 1939, em um apartamento da Zeltergasse de Praga. Jaromir Hladik sonhava que duas famílias inimigas disputavam um grande e extenso jogo de xadrez, jogo iniciado há muitos séculos e sem data para acabar, quando foi despertado por uma patrulha do Terceiro Reich que o fez prisioneiro, devido à sua ascendência judia.

Ao longo da narrativa, atributos do jogo de xadrez são emprestados a objetos e situações narradas: "um quartel asséptico e branco", "tentava esgotar absurdamente todas as variantes", "antecipava infinitamente o processo", "em pátios cujas formas e cujos ângulos esgotavam a geometria", "com lógica perversa inferiu que prever um detalhe circunstancial é impedir que este suceda" e outros, que impregnam a narrativa de artifícios que vão culminar no desfecho da história. Na noite anterior à sua execução, Hladik, depois de perceber que "o tempo é uma falácia", sonha que um anjo vem lhe conceder seu desejo: ter mais um ano para concluir sua melhor obra, que é um livro intitulado *Os inimigos*.

Na hora da execução, no dia 29 de março, às 9h00 da manhã, Hladik foi levado ao paredão de fuzilamento. No instante do tiro, porém, o tempo se detem para Hladik: "Surpreendeu-

-lhe não sentir nenhuma fadiga, nem sequer vertigem de sua demorada imobilidade. Dormiu, ao cabo de um prazo inderterminado. Ao despertar, o mundo continuava imóvel e surdo" (BORGES, 2005, p. 572).

Hladik contava com sua memória para cumprir com seu destino: concluir seu livro, e, para isso, o tempo se deteve. Passado um ano, Hladik recebeu uma bala de chumbo em seu peito. Era o dia 29 de março, às 9h02 da manhã do mesmo dia em que descera ao pátio.

Não apenas o tema do xadrez, do tempo e do destino se aproximam do conto de Guimarães Rosa, mas também a utilização da magia como elemento orientador. Evidentemente, nesta comparação o trabalho de Borges aparece muito melhor elaborado do que o do iniciante escritor mineiro. A álgebra mágica ainda está em fase embrionária e, talvez por isso, mais do que pela falta do linguajar regionalista, Guimarães Rosa tenha classificado seus trabalhos dessa época como "contos que não transcendem".

De fato, estes dois contos, comparados com o conto "A Terceira Margem do Rio", parecem escritos por outro autor; são filhos de outro pai. Qual pai corresponderia a tais filhos? Renard Perez nos dá apenas uma sugestão em seu depoimento sobre Guimarães Rosa, publicado na *Coleção Fortuna Crítica n⁰. 6* (1991). Filho de um pequeno comerciante, Guimarães Rosa nasceu na pequena cidade de Cordisburgo em 27 de junho de 1908, uma "zona de fazendas e engorda de gado", e cursou o ginásio na mesma escola que Drummond, o que talvez o tenha inspirado a se tornar um grande leitor e frequentador de bibliotecas, embora as línguas fossem a sua maior paixão. Matriculou-se na faculdade de medicina em 1925 e, em 1929, foi nomeado funcionário do Serviço de Estatística de Minas Gerais. Em 1930, casou-se pela primeira vez e se formou no curso de medicina. É justamente no período do curso de medicina, que coincide com o entre-guerras, que Guimarães Rosa escreve os dois contos analisados neste trabalho, período que também coincide com grandes mudanças políticas no cenário mundial:

No período entre as duas guerras mundiais, de 1918 a 1939, viveu-se intensa polarização política. Solicitados por crises sociais sem precedentes, ainda em pleno rescaldo daquela que foi a primeira guerra total, envolvendo o planeta por inteiro numa globalização armada até então inédita — e às voltas com a escalada de conflitos que prenunciava a próxima guerra, mais cruel ainda -, intelectuais e artistas no mundo todo, bem como no Brasil, se arregimentavam à direita ou à esquerda. De preferência, à esquerda. Um período que assistiu à ascensão dos totalitarismos por toda a parte — fascismo na Itália, Espanha e Portugal, nazismo na Alemanha, peronismo na Argentina, ditadura e Estado Novo de Getúlio Vargas no Brasil, para não falar no integralismo de Plínio Salgado — só podia mesmo convocar os intelectuais a uma maior participação na luta contra os regimes de exceção. (GALVÃO, 2000, p. 18)

Guimarães Rosa nunca foi um ativista radical e nunca utilizou meios radicais para expressar sua indignação; ao contrário, fez da língua sua espada e da literatura seu ponto de integração. Mas é difícil deixar de acreditar que o processo de mudanças e ocorrências mundiais e locais deixasse de causar algum impacto no jovem escritor e que uma linguagem mais realista, como a de Zola, deixasse de influenciar Guimarães Rosa nessa época, embora, mais tarde, ele tenha considerado Zola um escritor menor, um não-sertanejo.

O mapa dessa influência está bem desenhado no trabalho de Flora Süssekind, *Tal Brasil, qual romance?* (1984), no qual traça o perfil da influência realista no plano da literatura brasileira:

Não é o romanesco, o literário, o que importa, mas a possibilidade de tais narrativas retratarem com "verdade" e "honestidade" aspectos da "realidade brasileira". Importa que o trabalho com a linguagem, os recursos narrativos, a literatura, cedam lugar à perseguição naturalista de um *décor* brasileiro, personagens típicos e uma identidade nacional. Repete-se, no que diz respeito à literatura brasileira, a exigência de que radiografe o país. Mais que fotografia, o texto se aproxima do diagnóstico médico a captar sintomas e mazelas nacionais. A ordenar descontinuidades e diferenças. A buscar uma identidade chamada Brasil e uma estética naturalista que permitam uma simetria perfeita à máxima: Tal Brasil, tal romance. (SÜSSEKIND, 1984, p. 38)

E quanto às influências estrangeiras, acrescenta:

Tentando dar conta fotograficamente de um país, ele mesmo envolvido num projeto de aproximação a modelos (culturais ou não) estrangeiros, a literatura fica mais longe de seu desejo mimético. Em busca de um modelo que, por sua vez, também tenta reduplicar outro, mais parece tratar-se de uma casa de espelhos, onde todos querem refletir uma imagem que, de sua parte, é igualmente o reflexo da outra. (SÜSSEKIND, 1984, p.39).

Guimarães Rosa, além das influências de época, mantém estreito vínculo com as ciências, em função da escolha da carreira, que viria a ser sua primeira profissão, resultando em uma previsível tendência a esquemas e modelos.

Já nesses dois primeiros contos, vê-se a tentativa de fugir dos padrões mais realistas e racionalistas. No primeiro conto, "O mistério de Highmore Hall", por meio do horror muito característico do Gótico, já mapeado, quando falamos do fantástico no século XVIII. Porém não é uma influência direta, mas mediatizada por Poe, este sim influenciado diretamente pelos escritores góticos. A imitação é tanta que, não só o modelo, mas toda a estrutura responde às características do gótico, até mesmo a utilização dos nomes e do cenário. O que há no estilo ainda incipiente de Guimarães Rosa é apenas a tentativa de quebrar com o padrão realista da literatura de sua época por meio de um estilo que, como já vimos, pertence a outro século.

No caso do segundo conto, "Tempo e Destino", vê-se outro tipo de fantástico, o do século XIX, ao se situar entre a explicação de um acontecimento maravilhoso e a alucinação, sem se definir por nenhum deles. Apesar do conto já mostrar correlações mais refinadas entre o jogo de xadrez e as relações bem-mal e tempo-destino — como encenações da vida — a estrutura se faz por oposições, sem o esteio do paradoxo da álgebra mágica, isto é, aquele espaço possível para dizer o indizível. Falta ainda uma identidade para o escritor; sua escritura é ainda linear, presa a modelos alheios que utiliza como matriz para se opor a matriz realista/regionalista de larga utilização na década de 30, herdeira dos conceitos de Zola e sob a influência do marxismo; assim como Lovecraft, sob grande influência de Poe, buscava com seu horror cósmico, na mesma época, se opor ao "romance de sociedade" norte-americano.

3. O FANTÁSTICO EM "A TERCEIRA MARGEM DO RIO"

João Guimarães Rosa e Luís Jardim

O conto "A Terceira Margem do Rio" pertence ao conjunto *Primeiras Estórias*, publicado pela primeira vez em 1962 e que se caracteriza, segundo Castro (1993), por um conteúdo de significação esotérica, com forte relevância da camada sonora. De acordo com a organização do enredo, Castro classifica as 21 histórias nos seguintes temas: loucura, infância, violência, misticismo e amor, enquadrando "A Terceira Margem do Rio" no tema do misticismo.

Segundo Guimarães Rosa, a composição de "A Terceira Margem do Rio", conforme o prefácio "Sobre a escova e a dúvida", de *Tutameia*, foi quase que um evento de inspiração única: "veio-me, na rua, em inspiração pronta e brusca, tão 'de fora', que instintivamente levantei as mãos para 'pegá-la', como se fosse uma bola vindo ao gol e eu o goleiro" (ROSA, 1994, p. 680).

Os desenhos utilizados em epígrafe fazem parte da primeira edição de *Primeiras estórias* e foram concebidos e rascunhados por Guimarães Rosa e, depois, finalizados por Luís Jardim para representar o conto "A Terceira Margem". Castro (1993) dá, em síntese, as seguintes interpretações para eles:

1. a flecha se relaciona com o signo de sagitário, com o pensamento divino, com a capacidade do homem de transcender; também é símbolo da intuição e da busca da individualidade;
2. o símbolo de libra, associado a Zeus, representa o início de um processo evolutivo.;
3. a canoa com o remador representa a busca de um novo estágio de percepção supra-racional, o retorno a Deus;
4. o oito deitado, símbolo do infinito, sugere o mundo da matemática.

Em sua análise de "A Terceira Margem do Rio", Bragança (2000), por sua vez, dá as seguintes definições:

1. *Flecha*: o retorno à natureza, às origens, ao útero da Mãe--Terra. Uma busca cada vez mais profunda: eis porque a figura parece uma flecha (direção) unida à outra. Um caminho que interliga consciências distintas, opostas, antagônicas, mas harmônicas dentro de uma consciência mística, transcendental;
2. *Balança*: equilíbrio, ordem, o não-questionamento, o momento de imobilidade, o momento de introspecção que antecede a ação;
3. *Canoa*: a condição humana, a individualidade e a consciência de que cada um tem seu lugar no mundo e no tempo para agir. Somente na sua solidão, o homem pode descobrir que o diabo não existe, que o mal está em outro lugar e que "inferno" é um estágio que precede a sua transformação, lugar de identidade absoluta. "Inferno" como o próprio lugar da história humana.

4. *Infinito*: o próprio infinito. Consciência cósmica de sua ligação com o universo. No infinito está sua felicidade, seu paraíso. É o não-espaço; o não-tempo. É apenas o ser, o estar (BRAGANÇA, 2000, p. 664).

Sem desconsiderar as relações simbólicas que Castro e Bragança apontam, também podemos atribuir às figuras outros significados. Podemos pensar nas figuras de libra, que se repetem, como duas margens que separam dois mundos: o mundo concreto e finito da flecha e o mundo das ideias, do infinito. Entre esses dois mundos, a álgebra mágica surge como processo de travessia do "homem humano". A ideia da passagem de uma margem a outra da existência está fortemente enraizada na cultura oriental, tanto por budistas quanto por hinduístas, e sabemos que essas são duas fontes importantes para Guimarães Rosa, principalmente as doutrinas contidas nos *upanishads*. A travessia, portanto, pode ser vista pelo do ponto de vista metafísico, que se dá por essa terceira margem: a margem da linguagem, a margem do rio adentro. Não é uma travessia linear e reta; ela percorre todo o infinito que o rio representa em seu processo associativo com o poético e o multissignificativo. Porém, considerar apenas essa interpretação não possibilita extrair uma ideia completa do que seja a álgebra mágica em sua relação com o fantástico. Para isso, será necessário penetrar rio adentro, em busca dessa terceira margem.

É nela que os dois mundos se unem: o finito, representado pela canoa, e o infinito, representado pelo rio, ou ainda, a palavra de uso cotidiano e a que se faz presença poética entre os vãos do dito. Há um entrelaçamento entre o mundo das ideias puras e o mundo das coisas concretas, que se unem nesse terceiro plano, aquele que funde o transcendente com o imanente. Nesse vão de passagem, configura-se o plano da "álgebra mágica", que se apoia na poesia do indizível; elemento paradoxal, finito e infinito ao mesmo tempo, como o homem na canoa e no rio. O efêmero e o eterno, juntos, abrem espaço para a travessia:

Em outras palavras: gostaria de ser um crocodilo vivendo no rio São Francisco. O crocodilo vem ao mundo como um *magister* da metafísica, pois para ele cada rio é um oceano, um mar da sabedoria, mesmo que chegue a ter cem anos de idade. Gostaria de ser um crocodilo, porque amo os grandes rios, pois são profundos como a alma do homem. Na superfície, são muito vazios e claros, mas nas profundezas são tranquilos e escuros como os sofrimentos dos homens. Amo ainda mais uma coisa de nossos grandes rios: sua eternidade. Sim, rio é uma palavra mágica para conjugar eternidade. (ROSA, 1991, p. 72)

Poderíamos, então, a partir de um primeiro patamar de leitura, olhar "A Terceira Margem do Rio" como um exercício de travessia e, portanto, de busca do infinito, por meio da linguagem.

Se nos primeiros contos de Guimarães Rosa — aqueles que não "transcendem" — podemos perceber relações estreitas com o fantástico, não há neles, porém, o mesmo tratamento configurador da álgebra mágica, tal qual ocorrerá em "A Terceira Margem do Rio".

Com efeito, é possível visualizar, nesses primeiros contos de Rosa — "O mistério de Highmore Hall" e "Tempo e Destino" — os estreitos vínculos com uma tradição do fantástico, seja a do Romance Gótico, seja a do século XIX ou, mais especificamente ainda, a de Poe, conforme evidenciamos anteriormente.

É natural que, em uma fase ainda incipiente, o escritor buscasse padrões já explorados e que, de alguma forma, se aproximavam de sua concepção literária, avessa aos modelos regionalistas/realistas então em voga. Esses primeiros contos, de qualquer forma, podem ser considerados precursores, ainda que distantes, daqueles nos quais a álgebra mágica determina o fluxo da narrativa, numa outra dimensão de fantástico.

Pensamos que a investigação das camadas de sentido da álgebra mágica de Guimarães Rosa implica buscar, no discurso, esse espaço de confluência entre opostos, gerando um efeito de indeterminação, que, conforme Hansen (2008) aponta, é projeto intencional

> objeto artificialmente construído pelo trabalho técnico do autor evidenciado na forma como posição autoral comunicada funcionalmente ao leitor. (...) Falando e escrevendo por paradoxos e sempre insistindo no valor da enunciação paradoxal por oposição ao "lógico" (...) como prática de um autor e efeito num leitor pretende deslocar os limites explícitos das linguagens literárias estabelecidas. (HANSEN, 2008, p. 1).

Vê-se essa tentativa de deslocar os limites da linguagem literária no próprio projeto do autor que se diz um contista de "contos críticos" e que, paradoxalmente, diz que "a poesia profissional, tal como se deve manejá-la na elaboração de poemas, pode ser a morte da poesia verdadeira" (ROSA, LORENZ, 1991, p. 70). Rosa imprime em sua prosa toda a energia lírica da poesia. Em "A Terceira Margem do Rio", o narrador em primeira pessoa conta (ou canta) com lirismo sua dor; e as linhas, recortadas e truncadas, bem como as assonâncias e aliterações, conferem ritmo de verso às linhas da narrativa.

A noção de paradoxo estabelecida por Rosa pode ser vista em sua conversa com Lorenz. A primeira aparição da palavra "paradoxo" se dá logo no início da conversa, quando Rosa relaciona os trabalhos que teve ao longo da vida: "médico, rebelde e soldado. Foram etapas importantes de minha vida, e, a rigor, essa sucessão constitui um paradoxo" (ROSA, LORENZ, 1991, p. 67). Vê-se que a noção de paradoxo não remete a algo necessariamente maravilhoso, mas se vincula à vida e aos seus afazeres e, por isso, acrescenta: "a vida, a morte, tudo é, no fundo, paradoxo." (1991, p. 67). Esse "no fundo" ressalta a diferença entre os acontecimentos ordinários e os paradoxos, já que estes penetram nas camadas mais profundas da realidade para evidenciarem outras visões de mundo:

Os paradoxos existem para que ainda se possa exprimir algo para o qual não existem palavras. Por isso, acho que um paradoxo bem formulado é mais importante que toda a matemática, pois ela própria é um paradoxo, porque cada fórmula que o homem pode empregar é um paradoxo. (ROSA, LORENZ, 1991, p. 68)

O paradoxo roseano, nesse aspecto, guarda uma proximidade com a metáfora do neofantástico, como possibilidade de dizer o que não pode ser dito com palavras, embora Hansen classifique a álgebra mágica de Guimarães Rosa apenas como uma "operação produtora de efeitos de indeterminação por meio da classificação, recategorização e combinatória do léxico e da sintaxe; como estilo que destrói a acepção clássica de estilo." (2008, p. 1). Dessa forma, as estratégias para se atingir a indeterminação, que tem na lógica inclusiva e ternária do paradoxo sua figura de base, se evidenciam por meio de uma "língua ficcional", que opera nos interstícios da outra:

A recategorização e a reclassificação substituem os signos indiretos dos usos gramaticalmente normativos e literariamente realistas, como usos mediados pela representação, por figurações imediatas e como que colhidas na aurora de uma língua fictícia anterior às classificações gramaticais, conceituais e estilísticas. Pontualmente, a álgebra mágica opera por analogia, que lhe permite inventar nomes, adjetivos e verbos inesperados; por transposição, com que reclassifica classes gramaticais e usa artigos definidos como nomes, adjetivos como advérbios etc.; por derivação e composição, com que usa prefixos e sufixos de maneira inaudita. Também falsifica etimologias; usa arcaísmos como predicados de neologismos e vice-versa; tem predileção pela frase nominal encabeçada por anacolutos ou acumulada de particípios passados acompanhados da predicação visualizante etc. Esses usos, como disse, deslocam a língua literária de sua convenção como *morphe* mimética ou determinação sensata da forma da expressão e da forma do conteúdo recortadas diferencialmente de um fundo, a substância sonora e a substância do conteúdo. Os usos soltam o fundo, não só como fundo ou substância da forma, mas principalmente como indeterminação semântica muitas vezes interpretada como não-simbólico. (HANSEN, 2008, p. 1)

Pensamos que essa é uma boa definição do estilo literário de Guimarães Rosa, mas que pode ser enriquecida com o conceito borgiano de causalidade mágica, o que o aproxima do fantástico de Borges. Operar nos interstícios de uma língua é operar no seu entre-dito ou no seu não-dito. A analogia da álgebra mágica não apenas inventa nomes ou outras categorias da língua, nem tampouco se limita a reclassificar e recategorizar os elementos já existentes, mas, ao apontar para uma causalidade mágica que cria sintonias insuspeitadas entre eventos aparentemente díspares, revela novos significados, os quais só podem ser apreendidos como o *outro* do leitor. O texto revela esse outro aos olhos do leitor, que o decifra e o incorpora multissensorialmente; os artifícios retóricos são apenas a aproximação gradativa para o efeito poético pretendido, cujo clímax se concentra nas imagens paradoxais, nas quais causas e efeitos ganham uma ordem diversa.

Assim, quando lemos na "Terceira Margem" que "Nosso pai era homem cumpridor, ordeiro, positivo; e sido assim desde mocinho e menino, pelo que testemunharam as diversas sensatas pessoas, quando indaguei a informação" (ROSA, 1994, p. 409), já incorporamos os sinais de uma aparente ordem em que vive o pai e, por consequência, a família; uma ordem cotidiana, rítmica e bem marcada. Interessante é perceber que, sob o linguístico da frase, é possível ouvir a presença sonora do *rio* na narrativa por meio das assonâncias em *i* e *o*. O rio, correndo por debaixo, já anuncia os desvios que hão de vir, inundando a geografia do conto.

O relato do narrador-personagem é quase memorialista;

ergue-se em monumento ao pai, não como discurso exaltado, vibrante e elogioso, mas calmo e sereno: "Do que eu mesmo me alembro, ele não figurava mais estúrdio nem mais triste do que os outros, conhecidos nossos. Só quieto" (ROSA, 1994, p. 409).

O filho se esforça para encenar um pai "normal", apesar de toda a situação insólita que se instala ao longo de toda a narrativa, como resposta construída que se confronta com a opção da loucura, enquanto justificativa para os acontecimentos: "A estranheza dessa verdade deu para estarrecer de todo a gente (...). Nossa mãe, vergonhosa, se portou com muita cordura; por isso, todos pensaram de nosso pai a razão em que não queriam falar: doideira" (ROSA, 1994, 409-10).

Surge uma tensão entre a explicação de difícil aceitação — a loucura — e uma não-explicação. A primeira, potencialmente verbalizável, mas sempre evitada, induz ao silêncio; a segunda, por seu caráter inexplicável, é a própria representação do silêncio. A narrativa, dessa forma paradoxal, se apoia no silêncio. A luta do filho é pela construção e preservação da imagem do pai e, por extensão, da sua própria imagem como herdeiro da sina familiar:

> A um filho parecido com o pai diz-se com orgulho: Tal pai, tal filho. Quanto maior a semelhança, maior a ênfase orgulhosa no *tal* que se repete. E o reconhecimento de algum gesto, de alguma característica paterna marcante, seja ela física ou intelectual, costuma ser o que de mais sublime se vê no filho. Dele se exige, quando nada, a duplicação de qualquer marca registrada da família. (SÜSSEKIND, 1984, p. 21)

O pai "quieto", mudo em sua canoa, e a família, sem palavras para explicar essa atitude, acabam por estabelecer uma nova relação familiar, de convivência estranha, longe e perto ao mesmo tempo; um presente-ausente que metamorfoseia a presença do pai em uma imagem; vaga lembrança que não se desmaterializa totalmente: não é um espírito, nem um corpo presente. Em seu remar contínuo, entre a finitude da canoa, presa ao vai-e-vem do mesmo lugar do rio, e a infinitude das águas, que fluem continuamente, o pai emerge, convertido em fantasma, como o capitão do "Holandês Voador", condenado a navegar pelos mares, eternamente, sem nunca poder aportar em um pedaço de terra e, nesse caso, sem nunca abandonar a mesma paisagem. Dupla condenação, mais dura ainda por ser autoimposta. Em Rosa, ao contrário da história do capitão do "Holandês Voador", o pai na canoa não é o efeito de um acontecimento, resultado de uma maldição, mas sim a causa dos acontecimentos e dos infortúnios; causa sem causa aparente, lógica de uma ordem diversa.

Em Guimarães Rosa, não só a sonoridade das palavras, convertidas em ritmos musicais, invade o texto, mas também as imagens visuais se disseminam em nosso imaginário. Sonoridade e visualidade se justapõem, fazendo com que a palavra encene uma presença verbo-voco-visual, isto é, que soa e diz algo similar, por semelhança ou contraste, afinal, a discrepância entre significado e significante é, também, uma das estratégias geradoras de indeterminação, como defende Hansen (2008).

Ao mesmo tempo em que a sonoridade cria um rio que invade o texto por meio das assonâncias, aliterações e anáforas, as imagens paradoxais nos confrontam com o indizível. Diante delas, estupefatos, nossa mente se paralisa e, como na estratégia dos mestres *zen*, somos confrontados com uma espécie de *koan* que estanca o raciocínio lógico-dedutivista. A materialidade sonora das palavras invade todos os nossos sentidos; primeiro, o auditivo e, depois, pelo ouvido, os demais sentidos. O texto se torna uma experiência pessoal da verdade, incomunicável... O texto roseano de "A Terceira Margem do Rio" se aproxima dos antigos textos orientais, nos quais o conhecimento "não é transmissível em fórmulas ou raciocínios. A verdade é uma experiência e cada um deve buscá-la por sua conta e risco (...) O aprendizado não consiste na acumulação de conhecimentos, e sim na afinação do corpo com o espírito" (PAZ, 2003, p. 118). Em Octávio Paz, e também em Guimarães Rosa, espírito e matéria se harmonizam para produzirem uma experiência pessoal e única de acesso à verdade, a mesma que o leitor pode encontrar ao se deixar invadir pela sonoridade e pelas imagens que o texto oferece.

Hansen define a relação com a leitura do texto roseano da seguinte maneira:

> Afirmando-se como imaginação produtiva que passa ao lado das reproduções da semelhança modelar, seu jogo de linguagem reativa o sentido primeiro do *poiein* grego , não só como um ver e um dizer aplicados à representação de coisas e ações empíricas, mas como produção de significações que fazem o leitor ler o dizer do texto como o outro da visão interna de algo secreto que murmura no devir da sensação. Esse algo indeterminado faz com que a fala e a ação de seus personagens sejam figuras hieroglíficas da força que determina as palavras como um teatro do mundo. (HANSEN, 2008, p. 1)

É assim que o narrador de "A Terceira Margem", como o Riobaldo de *Grande Sertão:Veredas*, vai tecendo, por meio da narrativa, os fios constituintes da palavra-som-imagem nas tramas de um passado reelaborado pela memória/sentimento do narrador-protagonista e, com ele, a do próprio leitor. Trata-se da construção de um outro, como mostra Hansen, ao comentar sobre Riobaldo, que, ao contar sua história, a reconstrói e, ao fazê-lo, reconstrói-se a si mesmo:

> Na leitura, o princípio de analogia que o constitui como ato de fala compõe o corpo de papel de Riobaldo como unidade imaginária de um sujeito que lembra; mas, como sujeito de uma enunciação que tenta dizer o sentido da experiência passada, só pode produzir metáforas como figuração provisória do que supõe ser no presente o sentido do que imagina ter sido no passado. O tempo corroeu a unidade da experiência e

o que consegue dizer dela no seu presente, que também passa, é sua reverberação prismática em imagens nas quais já é outro. (HANSEN, 2008, p. 1)

A transformação do pai em imagem é uma tentativa de reconciliação que somente se concretiza pela transformação do próprio filho. Pai e filho devem se encontrar em uma margem terceira, na qual possa acontecer o pleno reconhecimento de ambos. Sem esse entre-lugar, o reconhecimento carrega a sensação de estranhamento, do *Unheimliche* freudiano:

> O próprio do *Unheimliche* é ser duplo: esse termo alemão remete tanto à ideia de familiaridade (presente no radical *heim*) quanto ao significado de inquietação, suspeita, assombro, radical estranhamento. O adjetivo *unheimlich* é utilizado tanto como sinônimo de *heimlich* quanto como seu oposto. Freud o definirá como "aquela categoria do assustador que remete ao que é conhecido, de velho, e há muito familiar". Ele se refere portanto ao recalcado, em primeiro lugar, o que parece confirmado pela significação dada a *unheimlich* por Schelling: "*Unheimlich* é o nome de tudo que deveria ter permanecido (...) secreto e oculto, mas veio à luz". Em segundo lugar, Freud verá no inquietante o ressurgimento dos modos arcaicos de funcionamentos e crenças, como o animismo, o pensamento mágico e a confusão entre o eu e o outro. (RIVERA, 2005, p. 14-5)

A imagem é agente de transmutação dos contrários num produto, paradoxalmente, uno e diverso, que faz com que o ser humano "desgarrado desde o nascimento se reconcilie consigo quando se faz imagem, quando se faz outro" (PAZ, 2003, p. 126). O esforço do narrador-personagem, ao longo da narrativa, parece sempre remeter a essa reconstrução da figura paterna por meio da memória, como forma de superar o distanciamento instaurado pela ausência do pai:

> E nunca falou mais palavra, com pessoa alguma. Nós, também, não falávamos mais nele. Só se pensava. Não, de nosso pai não se podia ter esquecimento; e, se, por um pouco, a gente fazia que esquecia, era só para se despertar de novo, de repente, com a memória, no passo de outros sobressaltos. (ROSA, 1994, p. 411)

A recordação opera não como lembrança pura, mas associada às imagens que recriam a figura do pai, produzindo um "curto-circuito entre memória e imaginação" (RICOEUR, 2006, p. 127). Os fluxos de correntes da memória se misturam com aqueles vindos da imaginação, de modo que a lembrança é um ato de recriação do passado, abrindo espaço para o seu *outro*: o esquecimento. Lembrar é, também, selecionar aquilo que se quer recordar e, por conseguinte, aquilo que se quer esquecer. Mas há esquecimentos astuciosamente dissimulados e há, também, aqueles apenas aparentes, que buscam esconder algo que, no entanto, "permanece, pelo contrário, inapagável na experiência memorial" (RICOEUR, 2006, p. 126).

Os traços do pai-fantasma rondam como assombração o ambiente familiar; lembrá-lo é tornar visível sua possível loucura; é se deparar com o efeito do *Unheimliche* e, para o filho, franquear seu possível destino, seu cruel destino: "Às vezes, algum conhecido nosso achava que eu ia ficando mais parecido com nosso pai" (ROSA, 1994, p. 411).

Reconstruir o pai é a esperança da salvação. Pela via reconfigurativa das imagens, o filho busca destruir o Minotauro e se libertar de um destino fatal, atribuindo sentido àquela crucificação inexplicável do pai na canoa, no meio do rio, num ir-e-vir sem fim.

As frases curtas, entrecortadas por vírgulas, as variações no uso dos tempos verbais "só ele soubesse", "ninguém soubesse", acentuam o ritmo, a canção submersa do rio, que corre por dentro da prosa e, pelas repetições e pausas alternadas, faz ver a poesia e a indeterminação que as imagens reforçam. Assim, o filho reinventa o pai:

> Mas, por afeto mesmo, de respeito, sempre que às vezes me louvavam, por causa de algum meu bom procedimento, eu falava: — "Foi pai que um dia me ensinou a fazer assim..."; o que não era o certo, exato; mas, que era mentira por verdade. (ROSA, 1994, p. 411)

A imagem é a possibilidade de reconciliação dos contrários, "mentira por verdade" cria a imagem paradoxal daquilo que não somente pode ser uma ou outra coisa, mas que é, ao mesmo tempo, ambas as coisas; assim as imagens paradoxais vão percorrendo o indizível e dando voz ao silêncio do pai, ainda que seja na voz do filho; imagem que é a mediação entre o que se pode comunicar e o incomunicável: "mais para cá da imagem, está o mundo do idioma, das explicações e da história. Mais para lá, se abrem as portas do real: significação e não-significação se tornam termos equivalentes" (PAZ, 2003, p. 125).

O mundo fantasmático das imagens, dessa terceira margem buscada, se abre como possibilidade de harmonização entre o mundo da palavra e o mundo do silêncio; do dito-narrado e do indizível. É o encontro do eu com o outro, termos distantes e análogos, por meio do poético, mas também é o encontro do pai e do filho. O pai, a autoridade, aquele que deve ser buscado e seguido, mas que, visto de fora de uma terceira margem, de um entre-lugar, não pode ser compreendido. O pai é o dono de uma sabedoria, o herdeiro de um legado, de uma tradição que naturalmente deve ser passada para o filho, o qual, no entanto, não incorpora este saber. Frente à prova de substituir o pai na canoa, ele recua: "Sou homem de tristes palavras. De que era que eu tinha tanta, tanta culpa?" (ROSA, 1994, p. 412).

Para o filho, sua dor é inexplicável; a recordação não

pode retomar a experiência originariamente acontecida, de forma integral, como diz Fantini ao se referir a um conceito de Nietzsche:

> Tendo em vista a impossibilidade de cada exemplar produzir correta e fidedignamente a forma primordial, Nietzsche constata a ineficácia da palavra em expressar, como recordação, a vivência primitiva, completamente individualizada e única. Se a "coisa em si" é literalmente incapturável, ela só poderá ser transposta à linguagem não *per se*, mas através do suplemento de conceitos e de imagens. (FANTINI, 2004, p. 214)

A álgebra mágica necessita das imagens paradoxais para produzir o indizível, demonstrando a causalidade mágica que há na origem de todo poético, inspirando, dionisiacamente, um saber intuitivo, que, no conto, é representando pela imagem de não verbalização do pai, em oposição à narrativa empreendida pelo filho. É a impossibilidade do filho de compreender plenamente a imagem que o pai representa, levando-o a vagar entre a aceitação e a não-aceitação da loucura do pai e, por extensão, da sua própria:

> Sou o culpado do que nem sei, de dor em aberto, no meu foro. Soubesse — se as coisas fossem outras. E fui tomando ideia.
> Sem fazer véspera. Sou doido? Não. Na nossa casa, a palavra *doido* não se falava, nunca mais se falou, os anos todos, não se condenava ninguém de doido. Ninguém é doido. Ou, então, todos. (ROSA, 1994, p. 412)

O narrar, para a personagem, passa a ser sua forma de expiação e sobrevivência; é a maneira de se desvencilhar do seu sentimento de culpa e extrair do passado a imagem reconstruí-da do pai, assim como a sua própria; é fazer com que do passado permaneçam apenas as marcas eleitas e idealizadas para a união final — tal pai, tal filho —, já que este deve ser o herdeiro do pai:

> Chamei, umas quantas vezes. E falei, o que me urgia, jura-do e declarado, tive que reforçar a voz: — "Pai, o senhor está velho, já fez o seu tanto... Agora, o senhor vem, não carece mais... O senhor vem, e eu, agora mesmo, quando que seja, a ambas vontades, eu tomo o seu lugar, do senhor, na canoa!..." E, assim dizendo, meu coração bateu no compasso do mais certo. (ROSA, 1994, p. 412)

"Jurado e declarado", o filho promete tomar o lugar do pai na canoa. A força necessária para o engajamento por meio de uma promessa somente pode ser sustentada pela própria vontade de manter a promessa, sob quaisquer circunstâncias. É aqui, nesse ponto, que a questão do reconhecimento toma seu papel mais destacado, conjugando, por um lado, a memória, por meio da reconstrução idealizada de um passado, e, por outro lado, a promessa, que aponta para uma ação futura, inscrita, no texto, como um performativo: ao prometer, a ação já passa a acontecer, mas não se cumpre da forma desejada, na medida em que o filho renega sua herança, abandona o pai e, com isso, perde-se a si mesmo.

> Ele me escutou. Ficou em pé. Manejou remo n'água, pro-ava para cá, concordado. E eu tremi, profundo, de repente: porque, antes, ele tinha levantado o braço e feito um saudar de gesto — o primeiro, depois de tamanhos anos decorridos! E eu não podia... Por pavor, arrepiados os cabelos, corri, fugi, me tirei de lá, num procedimento desatinado. Porquanto que ele me pareceu vir: da parte de além. E estou pedindo, pedin-do, pedindo um perdão. (ROSA, 1994, p. 412)

O narrador admite que é o que não foi, ou, dito de outro modo, que seu projeto fracassou; ele não substituiu o pai na canoa e também não foi capaz, por medo, de se juntar ao pai na terceira margem, já que o pai-fantasma parecia uma visão vinda do além:

> Sofri o grave frio dos medos, adoeci. Sei que ninguém soube mais dele. Sou homem, depois desse falimento? Sou o que não foi, o que vai ficar calado. Sei que agora é tarde, e temo abreviar com a vida, nos rasos do mundo. Mas, então, ao menos, que, no artigo da morte, peguem em mim, e me depositem também numa canoinha de nada, nessa água que não pára, de longas beiras: e, eu, rio abaixo, rio a fora, rio a dentro — o rio... (ROSA, 1994, p. 412-3)

A quebra da promessa e a não substituição do pai pelo filho também têm outra implicação bastante importante para a narrativa, que é dar origem ao próprio relato. Paradoxalmente, o destino não foi perdido, ou, ao se perder, se cumpriu; a história do pai é reconstruída poeticamente pelo narrador por meio da memória e da imaginação; cria-se um entre-lugar fantasmático, no qual filho e pai podem ser um e outro, ao mesmo tempo; imagens líquidas, permutáveis e intercomunicantes. É justamente a partir desse espaço permeável e movente, onde os vazios são os agentes promotores de sentido, que a álgebra mágico-poética opera, estando exemplarmente expressa em "A Terceira Margem do Rio", conforme Fantini observa: "Ao inventar uma nova margem para abrigar o insondável, Guimarães Rosa produz estratégias para desierarquizar as certezas que põem marcos na nebulosa fronteira entre sanidade e loucura, a doxa e o paradoxo, a verdade e a incerteza" (FANTINI, 2004, p. 168).

"A Terceira Margem" obedece a uma lógica algébrico-mágica, afeita à natureza dúplice do ser poético, isto é, rigorosa na sua arquitetura construtiva, onde nada é fruto do mero acaso, e imprecisa nos seus efeitos, porque somente é perceptível pela presença multissensorial de uma escritura que se faz corpo no aqui e no agora da experiência compartilhada entre autor, narrador e leitor. É uma obra no sentido zumthoriano do termo; uma realização que se dá por meio de um ato performático que exige três condições: a *reiterabilidade*, o que a faz partícipe de uma tradição; a *emergência*, ou os elementos da tradição que se fazem presentes, mesmo transformados, no novo texto, e o *reconhecimento*, que possibilita, por meio da leitura, a incorporação dos efeitos emergentes da obra pelo leitor: "A performance é então um momento da recepção: momento privilegiado, em que um enunciado é realmente recebido" (ZUMTHOR, 2000, p. 59).

Em "A Terceira Margem do Rio", o conhecimento é resultado de uma experiência pessoal e intransferível, que somente pode ser atingido pela própria vivência do poético. É a narração que cria, por meio do evento inexplicável — o pai na canoa no meio do rio — essa terceira margem que se presentifica na escritura poética, na qual os paradoxos são a única possibilidade de expressar aquilo que ultrapassa o universo do dizível e se inscreve em regiões submersas do código padrão da língua. Não é à toa que Rosa vai em busca de termos já esquecidos pelo uso, mas que estão na raiz da história da língua, na busca por um ponto uno e múltiplo onde todas elas possam se encontrar, antes de Babel. Esse também seria um lugar que está e não está; cheio e vazio, ao mesmo tempo. Um tempo-espaço nômade, como o rio onde está a canoa, produzido por um método de compor alquímico-científico, que faz da álgebra mágica sua "terceira margem". O método alquímico-científico, por um lado, requer da linguagem a capacidade de concretizar não o lógico e provável, mas o indeterminado de uma lógica terceira e aparentemente improvável, que requer da linguagem sua máxima exatidão; dentro do método, a exatidão é o resultado da indeterminação.

Com isso, a linguagem ganha uma função encantatória; os signos se transmutam em objetos, e o texto se abre, por meio da leitura, para o mundo em que o leitor habita. A voz fixada na escritura emerge como objeto real no corpo do leitor que a performatiza; o eu do texto captado pelo leitor e o eu do leitor se unem no espaço fantasmático da terceira margem para criarem uma obra vocal, como define Zumthor:

> Toda palavra poética (passe ou não pela escrita) emerge de um lugar interior e incerto, bem ou mal, se nomeia por metáforas: fonte, fundo, eu, vida...Ela nada designa, propriamente falando. Um acontecimento se produz, de modo quase aleatório, (o próprio rito não é mais que uma apropriação do acaso), num espírito humano, sobre os lábios, sob a mão, e eis que se dilui uma ordem, revela-se outra, abre-se um sistema, e interrompe-se a entropia universal. (ZUMTHOR, 1997, p. 167)

A escrita mágico-algébrica busca não romper com as ambiguidades que os jogos metafóricos vocais produzem, permitindo sempre a manutenção de espaços intradiscursivos, que, na oralidade, ocorrem por meio de outras linguagens não-verbais e que Zumthor (2000) chama de "semiótica selvagem".

Esse é o lugar do fantástico roseano, mais próximo daqueles que o vincularam ao exercício poético, já no século XX, como Borges e o neofantástico, na concepção de Alazraki. O fantástico se mostra como correlato da voz poética inserida na escritura, reiterável, emergente e reconhecível em seu horizonte de leitura; portanto, o fantástico se elabora como uma performance, por meio de seus efeitos, que são concretizados no corpo do leitor.

Embora esses sejam os traços gerais de todas as poéticas que têm em seu efeito artístico o seu sentido de existência, o efeito produzido pela poética do fantástico excede aquele produzido por uma literatura mimético-realista, em função das imagens criadas a partir de sua causalidade: a mágica, no caso do fantástico, e a singular, no caso da realista. Essas causalidades definem ordens diferentes em cada uma dessas poéticas. Enquanto a causalidade singular estabelece uma ordem lógica de causa e efeito como reflexo da lógica do mundo e utiliza metáforas simples de substituição de termos, a causalidade mágica rompe com a linearidade de causa e efeito e estabelece outra ordem lógica para os acontecimentos, neles incluindo a espontaneidade do acaso, que cria outras possibilidades de ordem num universo dissipativo e em expansão contínua, tal qual as metáforas transgressoras de 360 graus de base e os paradoxos roseanos. Estes abrem a visão para uma ordem terceira que se concretiza na leitura, nas relações que o leitor tece entre sua apreciação dionisíaca dessa ordem terceira e sua vivência da ordem que conhece do mundo.

A vivência experimentada pelo narrador ao longo de sua história, em "A Terceira Margem do Rio", na tentativa de reconstrução memorial do passado e imaginativa do futuro, é vividamente experimentada pelo leitor, participante ativo dessa experiência por meio da leitura, em função da indeterminação e desestabilização criadas: o final não é a confirmação daquilo que espera: a definição do estado de loucura do pai ou a descoberta, por parte do filho, de uma sabedoria maior guardada por aquele, como se fosse um novo Noé. Também não há nenhuma explicação racional: não é lepra, não é pagamento de promessa; então, o que é? Não sabemos, hesitamos entre muitas explicações possíveis sem que possamos nos definir por uma única:

> Através das imagens e do próprio silêncio, somos levados para dentro do universo de "A terceira margem do rio" que desfere seu caráter de iluminação, de olhar súbito para dentro do indizível, de figurado relatório hermético de quem retorna de iniciação em elêunicos mistérios. (BRAGANÇA, 2000, p. 662)

O leitor participa, também, da mesma dor e culpa que vive a personagem em relação "ao nosso pai". Esquecer não é possível. É necessário contar, despir-se do mal e trazê-lo à luz.

Por isso o paradoxo: o filho narra, apesar de dizer que é "o que vai ficar calado". Narrar é a possibilidade de viver e de conviver com a vida, por isso o filho narra o silêncio do pai, e "não seria esse discurso sobre o silêncio uma defesa da experiência, uma tentativa de dar sentido às coisas?" (OLIVEIRA, 2000, p. 646). Não seria o paradoxo a voz do silêncio?

Narrar é a tentativa de juntar os tempos: unificar o passado e o futuro no presente do relato. É também uma operação da álgebra mágica, já que o paradoxo do tempo é não ter diferenciação entre passado, futuro e presente, criando a indeterminação e o rompimento com o deslocamento cartesiano da consciência sobre a linha do tempo. Assim como a álgebra mágica reside no entre-lugar, no entre-dito, também reside no entre-tempo ou no não-tempo, ou ainda no tempo original, anterior à diversidade das línguas, tempo da palavra mágica que permitia o entendimento e a convivência, anterior à Babel.

Há também, em "A Terceira Margem do Rio", o substrato mítico, como mais um elemento da álgebra mágica, já que esse substrato acentua o caráter de reiterabilidade e de emergência do texto, conferindo-lhe a capacidade de ser reconhecível pelo leitor, por meio das relações possíveis que pode tecer entre a *estória* e seu próprio universo de leitura.

Os contos e lendas, tão apreciados por Guimarães Rosa, o fizeram um escritor de "sagas", "lendas" e "contos simples", como ele declara a Lorenz (1991, p. 70), que incorporam, além da voz popular, os elementos eruditos de muitas tradições. Em sua entrevista a Günter Lorenz, ele mesmo revela essa sua pré--disposição, como verdadeiro sertanejo: "Portanto, pela minha origem, estou voltado para o remoto, o estranho" (LORENZ, 1991, p. 65).

Também é possível detectar o legado das tradições orientais, com seus textos e narrativas, conformando outras influências inscritas nos textos de Rosa, entre elas o *Chandogya Upanishad*, apontado por Suzi Sperber como uma das fontes de "Cara-de-Bronze":

A citação do *Chandogya Upanishad* (livro que se encontra na sua biblioteca) feita por Guimarães Rosa, em "Cara-de-Bronze", fez-nos pensar na qualidade desta leitura. O Ser (*purusha*), para o *Upanishad*, está preso ao corpo na sua existência temporal. Está aparentemente prisioneiro da ilusão terrena — mulher, filhos e propriedades — mas sua libertação é possível. A tomada de consciência da sua liberdade eterna traz consigo a compreensão de que a vida não é senão uma cadeia de momentos dolorosos, em que o drama da personalidade não poderia ser contemplado pelo verdadeiro espírito do indivíduo. (SPERBER, 1976, p. 57)

Podemos perceber que há também influência desse texto em "A Terceira Margem do Rio". Esse *upanishad* faz parte da tradição hinduísta dualista, que contempla a existência material como parte da natureza divina e fala do caminho de transcendência, que deve ser percorrido pelas mônadas. Em "A Terceira Margem do Rio", esse caminho, feito de renúncia, é empreendido pelo pai.

Essa relação com o substrato mítico oriental, porém, não se evidencia como algo a ser decifrado, enquanto significado que explique o texto ou os acontecimentos; sua função é outra: a de se constituir como um dos elementos do plano matematicamente construído pela álgebra mágica, cujo objetivo é o criar a indeterminação e o estranhamento por meio da contaminação intercultural: numa tradição do interior do Brasil, os traços de uma tradição oriental. Essa estratégia intensifica os contrates, cria paradoxos aparentes e subliminares para os leitores mais atentos, além de instaurar, no presente da escritura, os constituintes de outros tempos e espaços, criando um movimento de dissipação e deslocamento que acentua o caráter de infinito "que admite em si todos os tempos" (SPERBER, 1976, p. 59).

Assim, o sagrado, no texto roseano, se estabelece como um jogo que acentua a indeterminação do texto. Na tradição, o sagrado é aquilo que une a comunidade e que está para além das circunstâncias cotidianas. Em "A Terceira Margem do Rio", o sagrado desagrega, não é uma visão coletiva, pois o coletivo já está tomado pela racionalidade cartesiana, pela geografia euclidiana, pelas significações diretas das palavras; o *outro* já é o mesmo e, quando foge das características comuns, é doido, como "nosso pai".

O *outro* aparece como algo incompreensível. Em "A Terceira Margem do Rio", a decisão do pai fragmenta a família; os filhos, com exceção do narrador, são espectadores passivos dessa decisão e nada podem fazer para se oporem a ela; a mãe é a real antagonista da história, já que, ao não poder harmonizar a visão de mundo do pai à dela, e, por extensão, à de toda a família, coloca-se como a portadora da palavra, aquela que, em oposição ao silêncio do pai, ergue um monumento à palavra simbolizada na simples expressão "Cê vai, ocê fique, você nunca volte!" Não é apenas o "você" que cresce nas frases; as próprias frases crescem, como numa construção, uma obra de engenharia que instaura a separação — o você — em oposição à saga do narrador que busca o "nosso pai".

O mítico, em Guimarães Rosa, não é o pano de fundo a ser localizado como raiz do texto; pelo contrário, trabalha no mesmo nível dos demais recursos da álgebra mágica para a criação do efeito:

> Por isso, o mito, o passado, o arcaico, a metafísica não consistem num efeito positivo que espera a identificação e adesão cúmplice do leitor: não estão instalando nada, pois dão-se como máquina mítica de exibição de singularidades nômades que investem contra os fundamentos mesmos que hipostasiam os agentes do discurso na loucura, na debilidade, na puerilidade, na excepcionalidade. (HANSEN, 2000, p. 66)

A escrita roseana é "medussada pelo imaginário do estilo, escrita que recusa cânone, forma e regra, fixando-se como objeto fantasmático a exploração de um campo aberto de falas..." (HANSEN, 2000, p. 19). Ela descentraliza todas as fronteiras, desestabiliza as normas rígidas, as diferenciações claras e o eu do outro em uma mescla que, mais uma vez, acentua o caráter de indeterminação do texto.

Apesar da amplitude e variedade de formas que o fantástico assumiu ao longo do tempo, pensamos que a série histórica que selecionamos — séculos XVIII, XIX e XX — em correlação com seus respectivos horizontes de expectativas, pode nos ajudar a entender melhor, seja por semelhanças ou por distinções, a álgebra mágica de Guimarães Rosa.

Em princípio, o fantástico associado ao algébrico mágico se mantém fora dos domínios do gótico, do século XVIII, e do modelo de fantástico do século XIX. Com efeito, o horror, a aparição sobrenatural e os castelos medievais não fazem parte do universo da álgebra mágica, assim como as imagens refinadas desta não se associam com as imagens representativas do Romance Gótico, no qual o acontecimento estranho se vincula, normalmente, ao sobrenatural ou aos recursos da ciência, elementos desestabilizadores que se insurgem contra o ambiente social onde a obra aparece e onde o leitor habita. Tais influências somente podem ser percebidas nos primeiros contos de Rosa aqui analisados — "O mistério de Highmore Hall" e "Tempo e Destino", estes sim, próximos das premissas do Gótico, especialmente pelas vias de Poe, cuja influência se faz sentir nesses primeiros exercícios de Rosa com o fantástico.

O modelo de fantástico do século XIX guarda as mesmas pretensões básicas do gótico, pois explora os fenômenos sobrenaturais com a intenção de arremeter o homem para fora de seus condicionamentos sociais, abrindo-lhe um novo espaço para a investigação; nesse caso, a de sua própria interioridade. A aparição já não é expressão de uma ordem universal, como no Gótico, mas do interior do homem, que hesita frente à incerteza de um mundo onde os avanços da ciência o deslocaram de seu centro. Porém, tal fantástico não rompe com a racionalidade, mas a incorpora em seu projeto, pelo menos como possibilidade; afinal, a explicação racional estará sempre à disposição, ainda que posta sob dúvida. Esse tipo de fantástico é mais atuante em "Tempo e Destino" do que em "HighMore Hall", este mais próximo do Gótico.

Ambos, porém, segundo o próprio Rosa, não "transcendem", ou seja, não incorporam a poeticidade e a indeterminação de seus textos posteriores. Guardam, portanto, distanciamento da perspectiva poética de fantástico, entendido na sua dimensão de "álgebra-mágica", tal qual ocorre em "A Terceira Margem do Rio".

As relações de proximidade que possamos fazer entre a álgebra mágica de Rosa e a poética do neofantástico dizem respeito, principalmente, à metáfora de 360 graus de base, isto é, aquela que "transcende" a figura retórica por implicar mais do que a simples substituição de termos, carregando consigo o termo substituído. Nesse sentido, cumpre uma função próxima à do paradoxo dentro do processo alquímico da álgebra mágica: ambos operam "sob um princípio lógico no qual a casualidade está invertida (...) e é, deliberadamente, não realista" (OLIVEIRA, 2007, p. 553).

Também podemos dizer que, tanto a metáfora não retórica do neofantástico quanto a álgebra mágica, trabalham com a associação de termos distantes, aproximando-se do conceito de causalidade mágica de Borges, no qual nada é fortuito e casual, mas atende ao princípio lógico da analogia, que opera por correspondência entre coisas aparentemente distantes, como ocorre nas figuras poéticas da metáfora e do paradoxo, vistas enquanto processos de pensamento poético-literário. É uma causalidade que parte de um outro conceito de campo de forças e de modelos matemáticos que incluem o acaso como fonte modeladora de nova ordem dissipativa e não-linear.

Na álgebra mágica, por isso, o poético se expressa em seu mais alto grau: isto é aquilo e aquilo é isto, ao mesmo tempo e em todos os tempos, já que futuro e passado são sempre presentes. A fusão dos tempos e a imbricação de todos os elementos que emanam dos paradoxos abrem uma margem terceira, onde o reconhecimento do outro deixa de fazer sentido: não há outro distinto de um eu, mas sim um eu-outro.

Por isso, assume-se nela a quintessência do sentido de fantasma, fantasmático, invisível-visível; presença que está — não está; o indizível, como os vazios por onde "vaza" o poético, que não está na informação, no que se diz, mas no rio subterrâneo que perpassa por entre os vãos do dito: a voz zumthoriana dos tons, da não-palavra, dos silêncios e vazios sob a camada dos símbolos linguísticos. É ainda o *locus* do virtual como categoria nômade de realidade e de outra dimensão de verdade e fé — a poética — que opera a partir de uma dupla transgressão: a da *irrealização do real* e a de *tornar-se real* (ISER, *apud* LIMA, 2006, p. 283), erigindo uma outra dimensão de realidade autoindicativa, que se faça presença e não representação ou simulacro no espaço fugaz de uma terceira margem... "e o rio-rio-rio, o rio."

Conclusão

Ao longo do percurso da dissertação e do fantástico, pudemos notar as influências desta literatura em Guimarães Rosa. "O mistério de Highmore Hall" e "Tempo e Destino", apesar de fazerem parte da fase imatura do autor, guardam relação de grande proximidade com o Romance Gótico do século XVIII e com o gênero fantástico do século XIX, além de denotar no jovem escritor uma grande influência de Poe.

A construção do Romance Gótico e do gênero fantástico está relacionada com o processo de descobertas dos séculos XVIII e XIX. No século XVIII, a Europa descobriu a própria Idade Média, com seus encantamentos e aventuras, suas construções góticas e suas superstições; no século XIX, descobriu a interioridade do homem, por um lado, e as perspectivas do desenvolvimento da ciência, por outro. Assim, no Romance Gótico, o assombroso e o fantasmático vêm de um plano exterior e estão associado ao exótico e ao temporal ou geograficamente distante, enquanto que no século XIX são produtos do interior humano, do inconsciente: a loucura, o sonho e o delírio, ou dos avanços da ciência: o magnetismo, a hipnose, a eletricidade e as máquinas em geral.

Estes elementos do fantástico se aproximam dos primeiros contos de Guimarães Rosa, mas neles não percebemos nada da álgebra mágica. Somente na poética do neofantástico vamos encontrar uma relação de proximidade, já que o neofantástico, não como gênero, mas como efeito, se apoia no poético, estabelecendo uma relação com a ideia de fantástico de Borges, ao compor em sua poética a relação com a causalidade mágica que relaciona elementos distantes como os elementos da metáfora de 360 graus de base.

Também faz parte dessa poética a relação não linear entre causa e efeito, a não correspondência com a geometria euclidiana e a busca do aspecto dionisíaco do leitor, para que a poética, convertida em sensibilização estética, invada o corpo do leitor e se torne presença marcante, como elemento da arte.

Ao contrário do gênero fantástico do século XIX, o neofantástico não dispensa nem o alegórico nem o poético, mas mescla-se com eles na busca do efeito estético; descola-se da noção de gênero e adquire estatuto literário, mas recusa aproximar-se da poética realista, que se utiliza da causalidade singular e busca representar o mundo mimeticamente. A poética do neofantástico se opõe a ela. O neofantástico não quer representar, mas apresentar algo transgressor, que implica uma visão desautomatizada e intuitiva. Suas metáforas não são analisáveis do ponto de vista da lógica do mundo. Somente com o olhar interior é que podemos compreender algo sobre elas e, mesmo assim, talvez não possamos contar o que entendemos, já que cumprem o papel de dizer aquilo para o qual não há palavras. O neofantástico se apresenta como o discurso de uma voz silenciosa — pelo menos para a lógica do mundo racionalista.

Em relação ao *corpus* escolhido para análise, podemos dizer que os dois primeiros contos, "O mistério de Highmore Hall" e "Tempo e Destino", obedecem a matrizes oriundas da tradição do fantástico; já o conto "A Terceira Margem do Rio" é uma expressão mais próxima do neofantástico, e nele podemos encontrar a álgebra mágica roseana.

É evidente que, com a análise de apenas um conto de Guimarães Rosa, não conseguimos extrair todas as implicações da álgebra mágica. Para isso, seria necessária uma análise de toda a sua obra ou uma parte bastante representativa dela, porém, acreditamos que os fatores aqui destacados, por meio da análise, permitem uma compreensão básica sobre os elementos construtivos do fantástico no horizonte de expectativas dos séculos XVIII, XIX e XX.

A álgebra mágica, como o neofantástico, se apoia em uma lógica terceira em que os paradoxos criam as imagens fantasmáticas capazes de romper com a linearidade da lógica cartesiana e instalar, no leitor, a percepção dos vazios do texto que escoam entre o dito e o não-dito. Em "A Terceira Margem", o silêncio do pai é amplamente compensado pelo vigor comunicativo das imagens; a poeticidade do texto performatiza no corpo do leitor uma vivência do que ali se passa, não tanto por aquilo que o narrador conta, mas pelo que não diz, o que fica invisível, flutuando, como um crocodilo camuflado sob as águas escuras de um rio.

"E, eu, rio abaixo, rio a fora, rio a dentro — o rio."

REFERÊNCIAS BIBLIOGRÁFICAS

De Guimarães Rosa

ROSA, J. G. O Mystério de Highmore Hall. *O Cruzeiro* [jornal]. Rio de Janeiro: [s.n.], 7 dez. 1929.
_____. "Tempo e Destino". *O Cruzeiro* [jornal]. Rio de Janeiro: [s.n.], 21 jun. 1930.
_____. *Ficção completa v. 1 e 2*. Rio de Janeiro: Nova Aguilar, 1994.
_____. *Primeiras Estórias*. Rio de Janeiro: Nova Fronteira, 2001.

ROSA, J. G., LORENZ, G. Diálogo com Guimarães Rosa. In: COUTINHO, E. (org.). *Coleção Fortuna Crítica 6*. Rio de Janeiro: Civilização Brasileira, 1991.

ROSA, J. G.; BIZZARRI, E. *Correspondência com seu tradutor italiano*. Rio de Janeiro: Nova Fronteira, Belo Horizonte: UFMG, 2003a.

ROSA, J. G.; MEYER-CLASON, C. *Correspondência com seu tradutor alemão*. Rio de Janeiro: Nova Fronteira, Belo Horizonte: UFMG, 2003b.

Sobre Guimarães Rosa

ALBERGARIA, Consuelo. O sentido trágico em "A terceira Margem do Rio". In: COUTINHO, E. (org.). *Coleção Fortuna Crítica 6.* Rio de Janeiro: Civilização Brasileira, 1991.

BRAGANÇA, Soraya P. R. O inferno em "A terceira margem do rio". In: DUARTE, Lélia Parreira (org.). *Veredas de Rosa.* Belo Horizonte: PUC-MG, 2000.

CAMPOS Vera M. de. Borges & Guimarães. São Paulo: Perspectiva, 1988.

CASTRO, Décio A. de. *Primeiras estórias.* São Paulo: Ática, 1993.

COVIZZI, Lenira M. *O insólito em Guimarães e Borges.* São Paulo: Ática, 1978.

FANTINI, Marli. *Guimarães Rosa: Fronteiras, Margens, Passagens.* Cotia: Ateliê, São Paulo: Senac, 2004.

FINAZZI-AGRÒ, Ettore. *Um lugar do tamanho do mundo.* Belo Horizonte: UFMG, 2001.

FONSECA, Maria N. S. *Despossessão da língua do outro: Guimarães Rosa e seus comparsas africanos.* Disponível em: <http://www.pucminas.br/imagedb/documento/DOC_DSC_NOME_ARQUI20070621145403.pdf> Acesso em: 14 fev. 2008.

GALVÃO, Walnice N. *Guimarães Rosa.* São Paulo: Publifolha, 2000.
_____. *As formas do falso.* São Paulo: Perspectiva, 1986.

GARBUGLIO, José Carlos. *Rosa em 2 tempos.* São Paulo: Nankin, 2005.

GINZBURG, Jaime. A Melancolia em "A terceira Margem do Rio". In: DUARTE, Lélia Parreira (org.). *Veredas de Rosa*, Belo Horizonte: PUC-MG, 2000.

GOULART, Audemaro T. *A insatisfação com as margens do rio*. Belo Horizonte: Autêntica, 2001.

HANSEN, João Adolfo. *O O, A Ficção da literatura em Grande Sertão: Veredas*. São Paulo: Hedra, 2000.
_____. *Forma e Indeterminação em Grande Sertão: Veredas*. Disponível em: <http://sibila.com.br/mapa-da-lingua/forma-e-indeterminacao-em-grande-sertao-veredas/2251>. Acesso em: 3 fev. 2008.

LAGES, Susana K. *João Guimarães Rosa e a Saudade*. Cotia: Ateliê, 2002.

LORENZ, G. W. O ciclo de romances *Corps de Ballet* de João Guimarães Rosa. In: *Correspondência com seu tradutor alemão*. Rio de Janeiro: Nova Fronteira, Belo Horizonte: UFMG, 2003.

MACHADO, Ana Maria. *O Recado do Nome*. Rio de Janeiro: Nova Fronteira, 2003.

MACHADO, Irene A. A cenarização da palavra no texto fantástico de Guimarães Rosa. In: DUARTE, Lélia Parreira (org.). *Veredas de Rosa*. Belo Horizonte: PUC-MG, 2000.

MADEIRA FILHO, W. "Retorno a Highmore Hall". In: DUARTE, Lélia Parreira (org.). *Veredas de Rosa*. Belo Horizonte: PUC-MG, 2000.

MARTINS, Nilce S. *O léxico de Guimarães Rosa*. São

Paulo: Edusp, 2001.

MONEGAL, E. R. Em busca de Guimarães Rosa. In: COUTINHO, E. (org.). *Coleção Fortuna Crítica 6*. Rio de Janeiro: Civilização Brasileira, 1991.

MORAIS, Osvando J. *Grande Sertão: Veredas, o romance transformado*. São Paulo: Edusp, 2000.

OLIVEIRA, Maria Rosa Duarte. O conto crítico roseano e suas duas histórias. In: DUARTE, Lélia Parreira (org.). *Veredas de Rosa III*. Belo Horizonte: PUC-Minas, 2007.

OLIVEIRA, Silvana M. P. Narrar? Não mais... In: DUARTE, Lélia Parreira (org.). *Veredas de Rosa*. Belo Horizonte: PUC--MG, 2000.

PEREIRA, Roberval A. Terceira Margem: a situação do saber. In: DUARTE, Lélia Parreira (org.). *Veredas de Rosa*. Belo Horizonte: PUC-MG, 2000.

PEREZ, Renard. Guimarães Rosa. In: COUTINHO, E. (org.). *Coleção Fortuna Crítica 6*. Rio de Janeiro: Civilização Brasileira, 1991.

RIVERA, Tânia. *Guimarães Rosa e a Psicanálise*. Rio de Janeiro: Jorge Zahar, 2005.

RONCARI, Luiz. *O Brasil de Rosa: O Amor e o poder*. São Paulo: Unesp, 2004.

SILVA Rosa Maria G. "A terceira margem do Rio": o ritmo e suas leituras. In: DUARTE, Lélia Parreira (org.). *Veredas de Rosa II*. Belo Horizonte: PUC-MG, 2003.

SPERBER, Suzi F. *Caos e Cosmos*. São Paulo: Duas Cidades, 1976.

UTEZA, Francis. *Metafísica do Grande Sertão*. São Paulo: Edusp, 1994.

Sobre o fantástico e suas variantes

ALAZRAKI, Jaime. *En busca del unicornio: los cuentos de Julio Cortázar — elementos para una poética de lo neofantástico*. Madrid: Gredos, 1983.

BARRENECHEA, A. M. *La literatura fantástica en Argentina*. México: UNAM, 1957.

BELLEMIN-NOËL, J. *Psicanálise e literatura*. São Paulo: Cultrix, 1983.

BORGES, J. L. et al. *Antología de la literatura fantástica*. Buenos Aires: Sudamericana, 1999.

BORGES, Jorge Luis. A arte narrativa e a Magia. In: *Obras Completas I*. São Paulo: Editora Globo, 2005a.
_____. O milagre secreto. In: *Obras Completas I*. São Paulo: Editora Globo, 2005b.
_____. Xadrez. In: *Obras Completas II*. São Paulo: Editora Globo, 1999.
_____. A invenção de Morel. In: *Obras Completas IV*. São Paulo: Editora Globo, 2001.

BOZZETTO, R. *Le fantastique "fin de siècle", hanté par la réalité*. Paris. Disponível em: <http://www.up.univ-mrs.fr/~wcaruli/d_textes/F/Fantastique.findesiecle.html>. Acesso em: 4 jun. 2007.

BRUM, José T. Prefácio. In: *Guy de Maupassant: Contos Fantásticos*. Porto Alegre: L&PM, 2005.

BURGESS, A. *A Literatura Inglesa*. São Paulo: Ática, 2003.

CALVINO, I. (Org.). *Contos fantásticos do século XIX*. São Paulo: Companhia das Letras, 2004.
_____. *Punto y aparte*. Barcelona: Tusquets, 1995.

CASARES, A. B. *et al. Antología de la literatura fantástica argentina*. Buenos Aires: Kapelusz, 2003.

CESERANI, Remo. *O Fantástico*. Curitiba: UFPR — Eduel, 2006.

CHIAMPI, Irlemar. *O realismo maravilhoso*. São Paulo: Perspectiva, 1980.

COALLA, F. S. *Lo fantástico en la obra de Adolfo Bioy Casares*. Ciudad de México: Universidad Autónoma del Estado de México, 1994.

CORTÁZAR, Julio. *Valise de Cronópio*. São Paulo: Perspectiva, 2004.

DURAND, Gilbert. *As estruturas antropológicas do imaginário*. São Paulo: Martins Fontes, 1977.

FURTADO, Felipe. *A construção do fantástico na narrativa*. Lisboa: Horizonte Universitário, 1980.

KIELY, Robert. *The Romantic Novel in England*. Cambridge: Harvard Un. Press, 1972

LOVECRAFT, H. P. *El horror sobrenatural en la literatura*. Buenos Aires: Leviatán, 1998.

MENTON, Seymour. *Historia verdadera del realismo mágico*. México: Fondo de Cultura Económica, 1999.

MONEGAL, E. R. Apresentação. In: *Irlemar Chiampi, O realismo maravilhoso*. São Paulo: perspectiva, 1980.

NUNES, Sandra Regina Chaves. Confluências Críticas: Murilo Rubião e Jorge Miguel Marinho. 2002. Tese de Doutorado em Comunicação e Semiótica - Pontifícia Universidade Católica. São Paulo: PUC-SP, 2002.

POE, E. A. O gato preto. In: BRENO, S. *Histórias extraordinárias*. São Paulo: Abril, 1981.
_____. *Ficção completa, poesia & ensaios*. Rio de Janeiro: Companhia Aguilar Editora, 1965.

RAILO, Eino. *The Haunted Castle*. New York: Gordon Press, 1974.

SARTRE Jean-Paul. Aminadab, ou o fantástico considerado como uma linguagem. In: *Situações I*. São Paulo: Cosac Naify, 2005.

SCARBOROUGH, D. *The supernatural in modern English Fiction*. New York and London: G.P. Putnam's Sons, 1917.

TODOROV, Tzvetan. *Introdução à literatura fantástica*. São Paulo: Perspectiva, 2004.

VARMA, D. P. *The Gothic Flame*. New York: Russell & Russell, 1966.

VAX, Louis. *Arte y literatura fantásticas*. Buenos Aires: Editorial Universitaria, 1965.

WALPOLE, H. *O castelo de Otranto*. São Paulo: Nova Alexandria, 1996.

WILSON, Liliana. Introducción a la Antología de la literatura fantástica argentina. In: *Antología de la literatura fantástica argentina*. Buenos Aires: Norma, 2003.

ZIMMER, H. **A** *conquista psicológica do mal*. São Paulo: Palas Atena, 1990.

Estudos Gerais

AGUIAR e SILVA, V. M. *Teoria da Literatura*. Coimbra: Almedina, 1997.

ASSIS, Machado. Iaiá Garcia. In: COUTINHO, Afrânio (org.). *Obras completas V.* 1. Rio de Janeiro: Ed. Nova Aguilar, 1992.

BABO, Maria A. As transformações provocadas pelas tecnologias digitais na instituição literária. Disponível em: <http://www.bocc.ubi.pt/pag/babo-maria-augusta-tecnologias--literatura.pdf>. Acesso em: 5 jun. 2007.

BAKHTIN, M. *Estética da criação verbal*. São Paulo: Martins Fontes, 2003.

BARTHES, Roland. Análise textual de um Conto de Edgar Poe. In: *Semiótica narrativa e textual.* São Paulo: Cultrix--USP, 1977.

BAUMAN, Zygmunt. *O Mal-estar da pós-modernidade.* Rio de Janeiro: Zahar, 1998.

CARPEAUX, O. M. *História da literatura ocidental. V. 3. O Cruzeiro* [jornal]. Rio de Janeiro: [s.n.], 1961.

CHKLOVSKI, V. A arte como procedimento. In: *Formalistas Russos* Porto Alegre: Editora Globo, 1978.

CLARK, K.; HOLQUIST, M. *Mikhail Bakhtin.* São Paulo: Perspectiva, 2004.

COMPAGNON. A. *O demônio da teoria.* Belo Horizonte: UFMG, 2003.

CORTÁZAR, Julio. *Valise de cronópio.* São Paulo: Perspectiva, 2004.

COUTINHO, A. *Crítica e Poética.* Rio de Janeiro: Livraria Acadêmica, 1968.

CUNHA, A. G. *Dicionário Etimológico.* Rio de Janeiro: Nova Fronteira, 1996.

DAICHES, D. *Posições da crítica em face da literatura.* Rio de Janeiro: Livraria Acadêmica, 1967.

D'ONOFRIO, Salvatore. *Teoria do texto 1.* São Paulo: Ática, 2006.

ECO, Umberto. *Obra aberta*. São Paulo: Perspectiva, 1971.

ELIADE, M. *O sagrado e o profano*. São Paulo: Martins Fontes, 1996.

FERREIRA, A. B. de H. *Dicionário Aurélio Eletrônico: Séc. XXI*. Rio de Janeiro: Nova Fronteira, 1999.

FRANCO JUNIOR, Hilário. *A Idade Média: nascimento do Ocidente*. São Paulo: Brasiliense, 1998.

HOUAISS, A. *et al*. *Dicionário da Língua Portuguesa*. Rio de Janeiro: Objetiva, 2001.

INÁCIO, I.; DE LUCA, T. *O pensamento medieval*. São Paulo: Ática, 1994.

JAUSS, H. R. A estética da recepção: colocações gerais. In: LIMA, L. C. (org.). *Teoria da literatura em suas fontes Vol. 1*. Rio de Janeiro: Civilização Brasileira, 2002a.
_____. O prazer estético e as experiências fundamentais da *poiesis, aisthesis* e *katharsis*. In: LIMA, L. C. (org.). *A literatura e o leitor*. São Paulo: Paz e Terra, 2002b.
_____. O texto poético na mudança de horizonte da leitura. In: LIMA, L.C. (org). *Teoria da literatura em suas fontes Vol.1*. Rio de Janeiro: Civilização Brasileira, 2002c.
_____. *A literatura como provocação*. Lisboa: Vega, 1993.

JOUVE, Vincent. *A leitura*. São Paulo: Unesp, 2002.

KRAUSS, W. *Problemas fundamentais da teoria da literatura*. Lisboa: Caminho, 1989.

LIMA, L. C. *Teoria da literatura em suas fontes. V. 1 e 2.* Rio de Janeiro: Civilização Brasileira, 2002.

_____. *História, Ficção, Literatura.* São Paulo: Companhia das Letras, 2006.

LINS, O. *A Rainha dos Cárceres da Grécia.* São Paulo: Melhoramentos, 1976.

LUKÁCS, G. *The historical Novel.* London: Merlin Press, 1989.

MEDVEDEV, P. El problema del género literario. In: *Antología del formalismo ruso y el grupo de Bajtin.* Madrid: Fundamentos, 1995.

MEURER, J. L.; BONINI, A.; MOTTA-ROTH, D. (Org.). *Gêneros: teorias, métodos, debates.* São Paulo: Parábola Editorial,2005.

MONEGAL, E. R. *Borges: uma poética da leitura.* São Paulo: Perspectiva, 1980.

PAZ, Octavio. *La casa de la presencia.* México: Fondo de Cultura Económica, 2003.

POE, Edgar Allan. A Filosofia da Composição. In: MENDES, Oscar (org). *Edgar A. Poe: Ficção completa, Poesia & Ensaios.* Rio de Janeiro: Aguilar Editora, 1965.

RICOEUR, P. *Teoria da Interpretação.* Lisboa: Edições 70, 1976.

_____. *Del texto a la acción.* México, D. F: Fondo de Cultura, 2002.

_____. *Percursos do reconhecimento.* São Paulo: Edições Loyola, 2006a.

_____. *El conflicto de las interpretaciones.* Buenos Aires: Fondo de Cultura, 2006b.

_____. *Hermeneutica y estruturalismo.* Buenos Aires: Ediciones Megápolis, 1975.

SOARES, A. *Gêneros Literários.* São Paulo: Ática, 2003.

SÜSSEKIND, Flora. *Tal Brasil, Qual romance?.* Rio de Janeiro: Achiamê, 1984.

STALONNI, Yves. *Os gêneros literários.* Rio de Janeiro: Difel, 2001.

TODOROV, Tzvetan. *Os gêneros do discurso.* Lisboa: Edições 70, 1978.

TOMACHEVSKI, B. Temática. In: *Formalistas Russos.* Porto Alegre: Globo, 1978.

TYNIANOV, J. Da evolução literária. In: *Formalistas Russos.* Porto Alegre: Globo, 1978.

WELLEK, R.; WARREN, A. *Teoria da literatura e metodologia dos estudos literários.* São Paulo: Martins Fontes, 2003.

ZUMTHOR, Paul. *La letra y la voz de la literatura medieval.* Madrid: Cátedra, 1989.

_____. *Introdução à poesia oral.* São Paulo: Hucitec, 1997.

_____. *Performance, Recepção, Leitura.* São Paulo: Educ, 2000.

Esta obra foi composta em Minion 12/14,0.
Impressa com miolo em offset 75g e capa em cartão 250g, por
Createspace/ Amazon.

www.ingramcontent.com/pod-product-compliance
Lightning Source LLC
LaVergne TN
LVHW051632080426
835511LV00016B/2312